Erfolgreich ist, wer mitfühlt

Emotionale Intelligenz

EQ - sich selbst & andere besser verstehen.

Wie Sie Gefühle beeinflussen und Empathie lernen

Sophie Bergner

Sophie Bergner
© Virtuoso Verlag

VIRTUOSO
books and more

1. Auflage 2021

Erfolgreich ist, wer mitfühlt

Sophie Bergner

1. Auflage 2021

ISBN: 978-3-96709-034-5

Inhalt

Motto

„Wir dürfen nicht vergessen, dass die kleinen Gefühle die großen Kapitäne unseres Lebens sind und wir ihnen folgen, ohne es zu merken.“

- Vincent van Gogh

Einleitung

Vielleicht kennen Sie dieses Phänomen auch: Wichtige Ereignisse im Leben werfen nicht nur ihren Schatten voraus, sie begleiten einen auch weiter im Leben. So kann es passieren, dass man sogar nach vielen Jahren wieder an dieses Ereignis erinnert wird, durch das das eigene Leben auf positive Weise grundlegend verändert werden sollte.

So ist es mir vor nicht allzu langer Zeit ergangen:
Ich kam nach einem gewohnt hektischen Arbeitstag im Büro nach Hause. Als die Tür hinter mir ins Schloss fiel, dachte ich noch kurz daran, was für ein motivierter Tag es im Büro war, der trotz schwieriger Aufgaben dank der vertrauensvollen Zusammenarbeit aller Mitarbeiter mit einem positiven Ausblick abgeschlossen werden konnte.

Dann trat Ruhe ein in meinem Kopf...

Und obwohl der Regen laut gegen die Fensterscheiben prasselte, fühlte ich eine wohlige Entspannung in mir aufkommen. Ein gutes Gefühl machte sich in mir breit, wärmte mich von innen; und nachdem ich mir ein kurzes Abendessen zubereitet hatte, setzte ich mich aufs Sofa, nahm mir ein Magazin, das auf dem Tisch lag und las darin …
Es dauerte nicht länger als eine Minute, bis mein Blick auf eine Überschrift fiel, deren Worte mich augenblicklich an den Beginn meiner Karriere als Unternehmerin vor mehreren Jahren zurückversetzten. Die Worte klangen recht provokativ, doch aus eigener Erfahrung wusste ich nur zu gut, dass sie wahr waren…
Der Artikel trug den Titel: „EI ist stärker als AI, weil sie menschlich ist.“

Was für Worte! Und was für eine positive Botschaft sie doch übermittelten:

„Emotionale Intelligenz ist stärker als Künstliche Intelligenz, weil sie menschlich ist.“
Kaum hatten sich diese Worte in meinen Geist gesetzt, erinnerte ich mich daran, wie ich bei einem aufstrebenden Unternehmen als Mitarbeiterin anfing:
Mein Vorgesetzter zu jener Zeit erscheint mir heute rückblickend wie ein wandelnder Algorithmus, der auf das programmiert war, was er tun sollte. Daneben gab es für ihn nichts - keine Herzlichkeit, keine Emotionen, und vor allem auch kein Fingerspitzengefühl im Umgang mit anderen Menschen.
Kurz, ihm fehlte all das, was mir von Anfang an immer wichtig gewesen war.
Doch da ich, wie alle anderen auch, beruflich erfolgreich sein wollte, hielt ich mich an die Regeln.

Die Haltung zu meinem Vorgesetzten änderte sich dann aber plötzlich dramatisch, als er eine Mitarbeiterin, die eine hochdotierte Tätigkeit innehatte, wegen ihres Kinderwunsches und ihrer bevorstehenden Schwangerschaft zu mobben begann.
Auch wenn ich sie nicht näher kannte, ihr Wunsch nach etwas, das Menschen glücklich macht, bewegte mich tief. Und ich fühlte mit ihr mit. Das Mobbing wurde immer aufdringlicher, was der Frau sehr naheging und sie psychisch unter Stress setzte.
Bis ich eingriff und mich gegen meinen Vorgesetzten stellte...

Ohne Rücksicht auf meinen Job wandte ich mich an den Firmeninhaber persönlich, was ungewöhnlich und mutig zugleich war. Mit kräftigen Emotionen schilderte ich ihm die Vorfälle. Und ganz zu meiner Verwunderung wurden meine Einwände gegen den mobbenden Mitarbeiter ernst genommen. Ich war überrascht und glücklich ...

Ich hatte an die emotionale Intelligenz und vor allem an das soziale Bewusstsein des Unternehmers appelliert und Erfolg gehabt.

Ein Unternehmen ist kein Algorithmus, sondern wird von Menschen für Menschen gemacht. Und der Mensch ist ein soziales Wesen mit einer komplexen Emotionalen Intelligenz. Wer sie unterdrückt, unterdrückt einen wesentlichen Teil seine Menschlichkeit. Egal, ob beruflich oder privat, wer seine eigenen Emotionen und emotionalen Reaktionsmuster kennt, kann auch andere Menschen anders kennen lernen.
Das hilft allen...

Heute ist mir das alles klar. Ich praktiziere es. Damals begann ich mich erst für diese wesentliche Komponente der Intelligenz zu interessieren - ganz aus der Situation heraus. Sie hatte in mir etwas geweckt, was weiter erkundet werden wollte.
Heute ist mir unmissverständlich klar, welche positiven Effekte das soziale Bewusstsein im Berufsalltag hat, wenn es auch gelebt wird. Know-how, Wirtschaftlichkeit und Erfolg dürfen Empathie niemals ausschließen. Sie müssen stattdessen einander bedingen...
Das Arbeitsklima hatte sich seit diesem Vorfall zum Positiven gewandelt. Man ging viel mehr aufeinander ein, sprach über persönliche Belange, koordinierte sich effektiver in beruflicher Hinsicht, was sich letztlich auch auf den großen Erfolg des Unternehmens auswirken sollte.

Alles in allem eine Erfolgsgeschichte, deren Auslöser eine positive Emotion war, nämlich die des Mitgefühls, der Empathie einem Menschen gegenüber, der für das, was ihn glücklich machte, gemobbt wurde.

Was aber ist Emotionale Intelligenz?

Wie lässt sie sich definieren? Wie erfahren und bewusst lenken?

Und welche Vorteile bringt es Ihnen, wenn Sie mit Ihrer eigenen Emotionalen Intelligenz arbeiten?

Über diese und viele weitere Aspekte des Themas werden Sie in diesem Buch umfassend informiert.

Was die westliche Welt betrifft, ging die allgemeine Definition von Intelligenz bis vor nicht allzu langer Zeit historisch betrachtet fast ausschließlich aus dem mechanistisch-materialistischen Weltbild der vergangenen Jahrhunderte hervor.
In anderen Kulturen, wie z. B. denen des Fernen Ostens, war dies schon immer anders. Dank einer anders gelagerten philosophischen wie religiösen Weltsicht standen dort Emotionen, Gefühle und überhaupt die Welt von Geist und Seele immer mehr im Mittelpunkt des Geschehens.

Durch den kulturellen Einfluss aus dieser Hemisphäre der Welt begann sich dann aber auch das Denken im Westen zu verändern. Zwar wird der heute leistungsbezogene, akademische Intellekt von vielen immer noch als Inbegriff von Intelligenz zelebriert, dennoch aber steht jedem Menschen die Möglichkeit offen, sich für Emotionale Intelligenz zu interessieren und sich damit selbst zu beschäftigen.

Intelligenz ist weit mehr als nur die kühle, kalkulierende Instanz im Kopf.
Modern ganzheitlich betrachtet ist sie nicht minder wichtig für das Leben als der Intellekt. So gibt es zahlreiche, auch traditionelle Formen der Beschäftigung, d.h. Methoden, wie z. B. Meditationsformen, die dazu dienen, Emotionen wie Wut und Trauer zu verstehen und kontrollieren zu lernen.

Meditationen und andere Übungen, bei denen das Bewusstsein und die Selbstliebe im Mittelpunkt stehen, helfen dabei, negative Emotionen zu lösen und durch positive Muster zu ersetzen.

Kurzum, Ihr ganzheitliches Selbstmanagement ist gefragt!

Praktische Übungen können dabei behilflich sein, Ihre Emotionale Intelligenz nicht nur kennenzulernen, sondern sie auch effektiver zu machen. Darüber werden Sie im Verlauf dieses Buches umfassend informiert.

Emotionale Intelligenz verfügt über eine große Bandbreite von Aspekten, die sich in alle Bereiche des menschlichen Lebens hinein vernetzen.

Obwohl der Psychologe Edward Lee Thorndike bereits in den 1920er Jahren von „Sozialer Intelligenz“ sprach, wurde der Begriff der Emotionalen Intelligenz erst vor 30 Jahren, im Jahr 1990 in die Wissenschaft eingeführt, und zwar von den US-Psychologen John D. Mayer und Peter Salovey.
Ihre Definition beschreibt einen sogenannten EQ, einen Emotionalen Quotienten, dessen Gegenstück der Intelligenzquotient oder IQ ist. Der EQ gibt die Fähigkeit eines Menschen an, nicht nur seine eigenen, sondern auch die Emotionen der Mitmenschen zu verstehen.
Weitläufig bekannt wurde der Begriff der Emotionalen Intelligenz allerdings erst im Jahr 1995 mit Daniel Golemans Buchpublikation „EQ. Emotionale Intelligenz“, die schnell zum Bestseller wurde. Er gilt darum auch als der erste, der sich mit der EQ intensiv auseinandersetzte und seine Erkenntnisse mit einem größeren Publikum teilte.
Wie man nun diesen EQ misst, darüber werden Sie im Verlauf des Buches mehr erfahren. Sie erfahren aber auch, welche emotionalen Grundbedürfnisse Sie haben, wie die emotionale Entwicklung bereits im frühen Lebensalter vonstattengeht, wie man auf emotionale Weise lernen kann, wie Sie emotionale Dissonanzen und Störungen selbst beheben können.
Es wird aber auch erklärt, wie Sie mit der Emotionalen Intelligenz besser im Beruf mit Konflikten umgehen, Ihre Konfliktfähigkeit stärken können und durch eine aktive und offene Kommunikation mit anderen Menschen mehr Lebensglück erfahren.

Der Grund dafür, dass Emotionale Intelligenz eine so „universelle“ Bedeutung für das menschliche Leben hat, ist schnell gefunden. Der Ort, an dem Emotionen entstehen, ist das Gehirn. Dort allerdings ist es, evolutionär betrachtet, eines, der ältesten Gehirnteile, dem die Entstehung von Emotionen zugeschrieben wird: das limbische System.

Es setzt sich aus mehreren Strukturen zusammen und steuert neben den Emotionen wie Angst, Liebe, Wut, Trauer, Sorge und dem Sozialverhalten auch Gedächtnis, Lernen, Antrieb, sowie die Funktionen des parasympathischen Nervensystems, d. h. Nahrungsaufnahme, Stoffwechsel und Verdauung.
Das limbische System, dessen Name auf eine Publikation des französischen Biologen Paul Broca aus dem Jahr 1878 zurückgeht, schließt sich über dem Hirnstamm gelegen an das Gehirn an.
Seinen Ursprung nahm es offenbar in jener Phase der Evolution, als die Entwicklung der Säugetiere begann.
Mit anderen Worten entstand es zu einem Zeitpunkt als die Ära der Dinosaurier zu Ende ging. Es wird darum manchmal auch als „Erbe“ oder „Überbleibsel“ aus der Vorzeit der Säugetiere bezeichnet.

Das allein weist auf die fundamentale Bedeutung des limbischen Systems hin, das man auch als „Säugetiergehirn“ bezeichnet.

Teil I - Basics

1. Was ist Emotionale Intelligenz?

Was bedeutet es nun, wenn man sagt, ein Mensch sei emotional intelligent?

Grundsätzlich und jenseits aller Einzelheiten, die das Thema bereithält, kann man Emotionale Intelligenz als „kluge Gefühle“ bezeichnen.

Die Intelligenz des Menschen ist vielschichtig. Für Goleman war klar, dass der Mensch erst dann als intelligent bezeichnet werden kann, wenn er nicht nur logisch denken und handeln kann, sondern auch zusätzlich in der Lage ist, sowohl die eigenen Emotionen, als auch die Emotionen anderer Menschen zu verstehen und darauf angemessen zu reagieren.

Nimmt man das als Ausgangspunkt für eine Definition, gelangt man zu vier sogenannten „Grundkompetenzen“, die den EQ, den Emotionalen Intelligenzquotienten ausmachen:

1. Wahrnehmung eigener Emotionen, was man als Selbstwahrnehmung bezeichnet.
2. Regulierung, Kontrolle und Steuerung der emotionalen Impulse, was man als Selbstmanagement bezeichnet.
3. Wahrnehmung und Verständnis der Gefühle anderer Menschen, was man als Empathie bezeichnet.
4. Wahrnehmung der eigenen Person als integralen Bestandteil eines sozialen Systems, was man als Beziehungsmanagement bezeichnet.

Diese Grundkompetenzen können jede für sich weiter aufgefächert werden, wobei natürlich die Wahrnehmung der eigenen Emotionen die Grundlage und Voraussetzung für alle weiteren Aspekte bildet.

Das Selbstmanagement fächert sich auf in die Kontrolle und Steuerung der eigenen Emotionen, woraus eine optimistische Lebenshaltung, leistungsorientiertes Denken und Handeln, sowie eine erhöhte Anpassungsfähigkeit resultieren.

Das Beziehungsmanagement dient den Führungsqualitäten, der Einflussnahme auf Menschen und Prozesse, der Fähigkeit zur Teamarbeit, der Eignung als Mentor oder Coach und der Fähigkeit, mit Konflikten im Alltag und Beruf konstruktiv umgehen zu können.

Ferner wird Emotionale Intelligenz im Berufsalltag mit bestimmten Attributen in Verbindung gebracht. Das sind:

- Verstärktes Engagement
- Kreatives und innovatives Handeln
- Physische und psychische Gesundheit
- Erhöhte Stressresilienz
- Fokussierte und schnellere Entscheidungsfindung
- Fähigkeit zum Aufbau guter Arbeitsbeziehungen

Es ist bekannt, wo im Gehirn Emotionale Intelligenz entsteht. Unumstritten ist der Stellenwert von Emotionaler Intelligenz im Alltag und im Beruf. Dennoch gibt diese Form der Intelligenz den Forschern noch einige Rätsel auf.

Mit der Vorstellung der Grundkompetenzen implizierte Goleman allerdings auch, dass die EI eine eigene Form der Intelligenz sei, womit er die Psychologie in gewisser Weise herausforderte. In der Regel wird davon ausgegangen, dass Emotionale Intelligenz aus der Persönlichkeitsstruktur des Menschen entsteht. Demnach wären die individuellen

Eigenschaften gewissermaßen die Matrix für Emotionale Intelligenz.

So betrachtet würde sich Emotionale Intelligenz aus den sogenannten Big Five ergeben.

Bei den Big Five handelt es sich um fünf Faktoren, nach denen sich die Persönlichkeit eines Menschen einordnen lässt. Man nennt das auch das Fünf-Faktoren-Modell der Persönlichkeitspsychologie.

Ein ausgeprägtes Organisationstalent, das man als Soziales Bewusstsein bezeichnet, würde sich z. B. aus dem Faktor „Geselligkeit" ergeben. Herausragende Führungsqualitäten, die dem Beziehungsmanagement zugeschrieben werden, entstünden aus dem Faktor „Gewissenhaftigkeit".

In der heutigen Praxis, wie z. B. im Berufsleben, setzt man besonders auf eine „vermischte" bzw. multiple Definition von Emotionaler Intelligenz.

Will man Führungspositionen in einem Unternehmen besetzen, wird der Fokus oft auf die vorhandene Empathie-Fähigkeit eines Bewerbers gelegt, wobei dem Umstand, dass Emotionale Intelligenz auch in einem Arbeits- und Beziehungsprozess erlernt werden kann, weniger Rechnung getragen wird.

Diese multiple Definition besteht aus drei Aspekten, die sich wie folgt darstellen:

- Erlernbare Emotionale Intelligenz
- Persönlichkeitsbezogene Emotionale Intelligenz
- Emotionale Intelligenz als Gemengelage, bestehend aus Motivation, Fähigkeiten und dem Fünf-Faktoren-Modell

2. Welchen Einfluss hat Emotionale Intelligenz?

Man kann heute viel über Emotionale Intelligenz lesen, doch wie verläuft der Weg von der Theorie zur Praxis?

Wo beginnt die eigene Arbeit mit der EI?

Die Einflussnahme der Emotionalen Intelligenz ist „universell", d. h. sie nimmt Einfluss auf Ihr privates Leben, sowie Ihr Berufsleben. Nehmen Sie Ihre „klugen Gefühle" wahr! Sie helfen Ihnen, sich z.B. in der heutigen komplizierten und komplexen Arbeitswelt zurechtzufinden. Sie können sich nicht nur selbst motivieren und inspirieren, sondern dienen auch anderen als Motivations- und Inspirationsquelle.

Die Selbstwahrnehmung Ihrer Emotionen lässt Sie auch Ihren gesamten Körper anders wahrnehmen. So hat die EI einen großen Einfluss auf die allgemeine, körperliche und psychische Gesundheit. Der Grund ist sehr einfach zu erklären:

Wer mit den eigenen Emotionen nicht bewusst umgehen kann, gerät schnell in Stresssituationen, in denen er den Emotionen gewissermaßen hilflos ausgeliefert ist. Angst gehört z. B. zu einer, der intensivsten Emotionen, die der Mensch hat. Angst kann schnell zu Panik und zum einem vollständigen Kontrollverlust führen.

Emotionen wahrnehmen, sie erkennen und auf effektive Weise steuern, Ängste bewältigen - das kann man z. B. mit Hilfe von Meditationen, worüber Sie im weiteren Verlauf dieses Buches noch mehr erfahren werden.

Wird Stress unkontrollierbar, können sich gesundheitliche Probleme einstellen. So kann es zu einem massiven Anstieg Ihres Blutdrucks kommen. Stress, der durch nicht wahrgenommene Emotionen verursacht wird, greift sogar das Immunsystem an, aber auch die Risiken eines Herzinfarkts oder Schlaganfalls werden erhöht.

Aber die EI hat auch einen sehr großen Einfluss auf das psychische Wohlbefinden des Menschen.

Von Stress ist bereits gesprochen worden, auch von Ängsten, die zu den Grundemotionen des Menschen gehören. Zusätzlich können ungesteuerte Emotionen langfristige Depressionen hervorrufen. Sind Sie nicht in der Lage, Emotionen der Trauer zu verstehen oder emotionale Verletzungen zu bewältigen, kann das Auswirkungen auf die Beziehungen mit anderen Menschen haben. Oftmals neigen Menschen dann dazu, sich selbst zu isolieren oder zu vereinsamen.

Daran anschließend muss von dem Einfluss der Emotionalen Intelligenz auf menschliche Beziehungen gesprochen werden. Ihr Einfluss kann nicht genügend betont werden.

Haben Sie eine gute Beziehung zu Ihren eigenen Emotionen, können Sie diese anderen Menschen nicht nur besser vermitteln, Sie sind in der Lage, sich in andere einzufühlen. Sie sind emphatisch. Das ist nicht nur im Privatleben, sondern besonders auch im Beruf von Vorteil.

Eine empathische Geschäftsführung in einem Unternehmen kann schneller auf die Bedürfnisse der Mitarbeiter eingehen und dadurch unter Umständen z. B. ein negatives Arbeitsklima verhindern.

Probleme lassen sich effektiver, weil nachhaltiger angehen und lösen. Die Kommunikation zwischen den Beteiligten wird substantieller, weil tiefgründiger und ganzheitlicher.

Bevor es im weiteren Verlauf unter anderem um den Intelligenzquotienten, emotionale Grundbedürfnisse, die

Methoden der Emotionskontrolle, die 5 Bausteine glücklicher Beziehungen und viele weitere Aspekte des praktischen Umgangs mit den eigenen Emotionen geht, nochmal einige Kurztipps vorab.

Emotionale Intelligenz kann verbessert und „kultiviert“ werden, was bedeutet, dass man sie sich bewusst machen kann.

Wie also können Sie z. B. Ihre Selbstwahrnehmung entwickeln?

- Entschleunigen Sie!
- Nehmen Sie sich täglich Zeit, um über sich selbst nachzudenken!
- Hinterfragen Sie Ereignisse des Tages und Ihre emotionale Reaktion!
- Seien Sie beim Hinterfragen und bei der Selbstreflexion so objektiv wie möglich!
- Erkunden Sie sich selbst und Ihre eigenen Bedürfnisse und auch, wie Sie zu diesen emotional stehen!
- Wenn Sie sich emotional bewusst geworden sind, beginnen Sie damit Ihre Gefühle zu definieren und zu identifizieren!
- Erspüren Sie die Gefühle in Ihrem Körper!
- Finden Sie heraus, wie bestimmte Emotionen bei Ihnen getriggert werden können!
- Finden Sie heraus, wo sich welche Gefühle bemerkbar machen!
- Benennen Sie Ihre Gefühle individuell und vergrößern Sie damit Ihr emotionales „Wörterbuch“!
- Schreiben Sie ein „Emotions-Tagebuch“, in dem Sie so objektiv wie möglich, Ihre Emotionen beschreiben und vermerken, wann und wo diese auftreten!
- Schreiben Sie über Ihre persönlichen Werte und Vorstellungen vom Leben!
- Definieren Sie Ihren Sinn im Leben, privat wie beruflich!

- Versuchen Sie zu Dingen, die andere Personen betreffen, ein Feedback zu bekommen!

Wie können Sie Ihr Selbstmanagement entwickeln?

- Lernen Sie, Ihren Atem zu beruhigen!
- Beginnen Sie mit einer geeigneten Meditationspraxis!
- Lächeln Sie mehr im Alltag!
- Üben Sie sich in Achtsamkeit!
- Benennen Sie jene Dinge, durch die sie motiviert werden können!
- Versuchen Sie, die gewohnten Lebensmuster aufzubrechen und neue positive Gewohnheiten anzunehmen!
- Seien Sie bereit, Ihre persönliche Komfortzone zu verlassen!
- Lernen Sie sich auf eine Sache zu fokussieren!
- Fokussieren Sie sich auch bei negativen Gesprächen immer auf die positiven Inhalte!
- Lernen Sie, Ihren Dialog mit sich selbst zu steuern!
- Vermeiden Sie einen negativen inneren Dialog!
- Identifizieren Sie negative Gedanken, wenn sie entstehen und ersetzen Sie diese durch positive Gedanken!
- Lernen Sie, auch Misserfolge im Leben als Erfolge zu werten, aus denen Sie wichtige Schlüsse ziehen können!
- Stehen Sie zu Ihren Emotionen und glauben Sie an sich und Ihren Erfolg!
- Integrieren Sie das Stress-Management in Ihren Alltag!
- Werden Sie weniger stressanfällig!

Wie können Sie Ihr soziales Bewusstsein entwickeln?

- Versuchen Sie sich auf den Augenblick zu konzentrieren!
- Hören Sie in einem Gespräch „hinter" die Worte!

- Lernen Sie, die nonverbalen Botschaften in einem Gespräch zu entdecken!
- Üben Sie sich in gesunder und unaufdringlicher Neugierde!
- Verlassen Sie das Gewohnte, wenn sich eine Gelegenheit bietet!
- Nehmen Sie Kontakt zu Menschen auf, die sich nicht in Ihrem gewohnten Umfeld befinden!
- Stellen Sie, wo es möglich ist, offene Fragen!
- Gewöhnen Sie es sich an, Besprechungen aller Art im Voraus zu planen!
- Lernen Sie, den Dialog mit sich selbst zu kontrollieren und zu steuern!
- Lernen Sie, anderen Menschen aktiv zuzuhören und das Gesprochene nachzuverfolgen!
- Gewöhnen Sie sich an, Ihre Umwelt in Hinblick auf EI besser zu beobachten!
- Versäumen Sie es nicht, Ihre Beobachtungen auf ihre Richtigkeit zu überprüfen!
- Spüren Sie Situationen nach, indem Sie die Atmosphäre eines Ortes in sich aufnehmen!
- Versuchen Sie zu fühlen, was andere Menschen fühlen!

Wie können Sie Ihr Beziehungsmanagement entwickeln?

- Begrüßen Sie einen Menschen, indem Sie seinen Namen nennen!
- Seien Sie offen!
- Vergessen Sie nie, höflich zu sein und die Regeln zu beachten!
- Versuchen Sie immer unmissverständliche Signale zu senden, die nicht fehlgedeutet werden können!
- Entwickeln Sie Ihren Sprach- und Kommunikationsstil, doch achten Sie darauf, immer natürlich zu bleiben!
- Treten Sie natürlich auf!

- Wenn Sie Entscheidungen treffen, erklären Sie diese anderen gegenüber!
- Stellen Sie fest, ob die Erklärungen verstanden worden sind!
- Bieten Sie anderen immer eine Gesprächsalternative an, sofern das notwendig ist!
- Umgehen Sie keine schwierigen Situationen und Gespräche, sondern gehen Sie diese offen an!
- Geben Sie Menschen, die Ihnen Gefühle entgegenbringen, eine Bestätigung!
- Vermeiden Sie, anderen ein negatives Feedback zu geben, ohne nicht auch konstruktiv zu sein!
- Interessieren Sie sich für andere Menschen und lassen Sie sie das erkennen!
- Akzeptieren Sie das Feedback anderer Menschen auf das, was Sie tun und sagen!
- Stärken Sie Ihr Selbstvertrauen, indem Sie bewusst mit Ihren Emotionen umgehen!
- Halten Sie Ihre Emotionen unter Kontrolle, werden Sie nicht wütend!

Emotionale Intelligenz ist ein wesentlicher Aspekt der menschlichen Intelligenz. Wie aber wird die Intelligenz des Menschen weiter unterschieden und definiert?

3. Die Arten der menschlichen Intelligenz

Zur Bestimmung von Intelligenz wird ein sogenannter Intelligenzquotient herangezogen.

Dieser IQ bezeichnet eine sogenannte standardisierte Kenngröße, die das individuelle Leistungsvermögen ausdrücken soll. In der Regel ermittelt man dem IQ mit einem Intelligenztest. Dabei werden bestimmte Faktoren herangezogen. Das sind kulturelle Normen, sowie

durchschnittliche Orientierungswerte, was Geschlecht und Alter betrifft.
Zusätzlich geht man von einer allgemein zu erwartenden Intelligenz aus.

Dabei wird der IQ der Bevölkerung bei 100 angesetzt, wobei ein Spielraum von +/-15 IQ-Punkten als Abweichung bei den zu testenden Personen eingeräumt wird.

Ein Intelligenztest wird anhand verschiedener Fragen, die der Testperson gestellt werden, durchgeführt, wodurch sich eine Punktzahl ergibt, die man dann in Bezug setzt zu einer Bevölkerungsgruppe, deren Individuen alle gleichaltrig sind. Diese muss genügend groß sein, um als repräsentative Größe herangezogen zu werden.

Auf diese Weise wird es möglich, die Testergebnisse einer einzelnen Person und deren IQ in Hinblick auf andere Personen der gleichen Bevölkerungsgruppe zu bewerten.

Man hat anhand von Intelligenztests herausgefunden, dass der allgemeine IQ in der Bevölkerung zwischen 85-115 angesiedelt ist. Da es ein Spektrum gibt, in dem sich die Werte bewegen, können Abweichungen leicht festgestellt werden. Die Zahl der Personen mit identischem IQ ist umso geringer, je höher oder niedriger der IQ von diesem Spektrum abweicht.

Folgende Faktoren werden bei einem IQ-Test gemessen:

- Allgemeinverständnis
- Allgemeinbildung (alters- und geschlechtsspezifisch)
- Ausdrucksfähigkeit und Wortschatz
- Sprachkompetenz
- Fähigkeit, Bilder auf logische Weise zu ergänzen
- Rechnerische Fähigkeiten

- Nachsprechen von Zahlen und Zahlenreihen
- Nachsprechen von alpha-numerischen Folgen
- Intellektuelle Verarbeitungsfähigkeit

Das Ergebnis wird mit einer IQ-Skala abgeglichen, die wie folgt unterteilt wird:

IQ >140: Überaus hohe Begabung
IQ >130: Hohe Begabung
IQ 120-129: Sehr hohe Intelligenz
IQ 110-119: Hohe Intelligenz
IQ 90-109: Durchschnittliche Intelligenz
IQ 80-89: Niedrige Intelligenz
IQ >71-79: Sehr niedrige Intelligenz
IQ <70: Schwachsinn

Intelligenz ist multiple, d. h. sie kann nicht auf eine Fähigkeit oder Fertigkeit reduziert werden. So versteht man Intelligenz heute als die Gesamtheit von Fähigkeiten, die ein Mensch zur Lösung von Problemen benötigt. Dabei sind die Lösungswege natürlich kulturabhängig, was die Universalität eines IQ-Test stark einschränkt.

Was in der westlichen Welt als eine adäquate Lösungsmöglichkeit betrachtet wird, mag in der östlichen Welt keine sein. Grundsätzlich aber gehört die Fähigkeit, Probleme als solche zu erkennen und sie als Grund für den Erwerb neuer Kenntnisse zu verstehen, zur Definition von Intelligenz.

Man hat auf der Grundlage der gängigen Evolutionstheorie, der intensiven psychologischen Beschäftigung mit hochbegabten Personen, die für ihre sogenannte „Inselbegabung“ bekannt geworden sind, wie z. B. Albert Einstein oder Leonardo da Vinci, das Konzept der Multiplen Intelligenz entwickeln können. Man unterscheidet heute zwischen neun Arten von Intelligenz:

1. Sprachlich-linguistische Intelligenz

Für die sprachliche Intelligenz ist die Sprache im Mittelpunkt. Zu ihr gehören eine ausgeprägte Sensibilität für das geschriebene und gesprochene Wort, aber auch die Fähigkeit, eine Sprache schnell zu erlernen, sprachliche Auffassungsgabe, mit der Vokale schnell verarbeitet und genutzt werden können.

Die sprachlich-linguistische Intelligenz macht es auch möglich, in einem Gespräch schnell zwischen Sprachen hin und her zu wechseln, d.h. multilingual zu sein. Menschen, bei denen diese Intelligenz ausgeprägt ist, werden z. B. Schriftsteller, Dichter, Redner, Rechtsanwälte.

2. Logisch-mathematische Intelligenz

Die logisch-mathematische Intelligenz liefert die Fähigkeit zur logischen Analyse von Problemstellungen, zur Durchführung mathematischer Operationen und zur wissenschaftlichen Beschäftigung mit verschiedensten Themenbereichen. Wer über diese Art der Intelligenz verfügt, wird z. B. Berufsmathematiker, Programmierer, Physiker.

3. Musikalisch-rhythmische Intelligenz

Wer musikalisch-rhythmisch begabt und intelligent ist, verfügt über außergewöhnliche Fähigkeiten zum Komponieren von Musikstücken und hat eine extrem hohe Kreativität, was die Umsetzung musikalischer Prinzipien betrifft. Menschen mit dieser Begabung werden Musiker, Komponisten, Musikwissenschaftler.

4. Bildlich-räumliche Intelligenz

Diese Art der Intelligenz befähigt Menschen dazu, die strukturellen Gegebenheiten großer Räume theoretisch wie praktisch zu erfassen und sich in ihnen zurechtzufinden. Piloten müssen z. B. eine bildlich-räumliche Intelligenz haben. Ferner steht diese Intelligenz aber auch Menschen zur Verfügung, die eng begrenzte Felder bildlich erfassen können. Das gilt z. B. für Graphiker, Bildhauer, Architekten.

Sie nehmen Gegenstände wahr und setzen sie berufsspezifisch bildlich um.

5. Körperlich-kinästhetische Intelligenz

Die körperlich-kinästhetische Intelligenz gibt dem Menschen die Fähigkeit, den eigenen Körper in seiner Gesamtheit oder Teile des Körpers, wie z. B. Beine und Hände, so einzusetzen, dass sie der Lösung von Problemen dienlich sind. Der Einsatz des Körpers kann aber auch einen gestalterischen Zweck haben. Menschen, bei denen diese Art der Intelligenz ausgeprägt ist, werden Schauspieler und Sportler. Die körperlich-kinästhetische Intelligenz ist aber auch bei nicht künstlerischen Berufen zu finden, wie z. B. bei Mechanikern und Chirurgen.

6. Naturalistische Intelligenz

Diese Art der Intelligenz bedeutet die ausgeprägte Fähigkeit zur Beobachtung von natürlichen Prozessen und Phänomenen der Natur. Ein Mensch, der diese Intelligenz besitzt, ist in der Lage sie zu erkennen, zu beschreiben und sich in sie hineinzudenken. Man findet Menschen mit dieser Intelligenz z. B. unter Naturforschern und Umweltexperten, aber auch Tierärzten.

7. Interpersonale Intelligenz

Diese Art der Intelligenz wird von dem Psychologen David Wechsler auch als soziale Intelligenz bezeichnet. Sie kann daher ein Faktor der Emotionalen Intelligenz sein. Ist ein Mensch interpersonal intelligent, besitzt er die ausgeprägte Fähigkeit zur Empathie, zum Mitgefühl, was bedeutet, dass er Gefühle und Motive anderer Menschen nachempfinden kann.

Da er sich in diese Menschen hineinversetzen kann, ist es ihm möglich, sie emotional zu beeinflussen.

Ein Therapeut, der diese Fähigkeit besitzt, kann die Stimmungen seiner Patienten nicht nur besser verstehen, sondern sie auch gezielter therapieren. Aber auch

Menschen, die in Heilberufen arbeiten, sind oft mit dieser Intelligenz ausgestattet.

8. Intrapersonelle Intelligenz
Auch diese Art der Intelligenz ist Faktor der Emotionalen Intelligenz. Sie beschreibt die Fähigkeit des Verstehens der eigenen Emotionen und Gefühle, aber auch der eigenen Stärken und Schwächen.
Ein Mensch, der intrapersonal intelligent ist, kann in sich selbst hineinblicken, was die Bezeichnung auch impliziert. Er kennt seine Triebe, Motivationen und Ziele genauer als andere Menschen. Zusätzlich verfügen Menschen, die derart begabt sind, über ein eigenes Modell ihrer intellektuellen Fähigkeiten, mit dem sie das eigene Verhalten in unterschiedlichen Lebenssituationen im Voraus kalkulieren können.
Diese Fähigkeit beruht auf einer emotionalen Selbsterkenntnis, die vielen dabei hilft, falsche Entscheidungen zu vermeiden. Menschen mit intrapersonaler Intelligenz sind z. B. Künstler aller Art, Schriftsteller, Philosophen, etc.

9. Spirituelle Intelligenz
Diese Intelligenz wird synonym auch als existenzielle Intelligenz bezeichnet. Wer mit ihr ausgestattet ist, eignet sich als religiöser oder geistiger Führer, aber auch als Philosoph.

4. Wie kann man den EQ messen?

Genauso wie man den IQ messen kann, ist es auch möglich, den EQ, also den Emotionalen Intelligenzquotienten zu bestimmen. Die Bestimmung des EQ eines Menschen fällt in den Bereich der sogenannten „Emotionsforschung".

Welche Methoden stehen heutzutage zur Verfügung, um die Emotionale Intelligenz eines Menschen zu messen?
Eine Methode besteht in der Erfassung des mimischen Ausdrucks. Man konnte anhand zahlreicher Studien, unter anderem von Paul Ekman, nachweisen, dass es möglich ist, Emotionen vom Gesicht von Menschen abzulesen, die aus verschiedenen Kulturen stammen. Mit anderen Worten gibt es nach Erkenntnissen der modernen Emotionsforschung Emotionen, die allen Menschen gleichermaßen zu eigen sind und die über die Grenzen der Kulturen hinweg bestimmt werden können.

Egal, ob es sich um einen australischen Ureinwohner oder einen Menschen aus Norddeutschland handelt, bestimmte Emotionen sind immer deutlich erkennbar. Das sind Wut, Angst, Ärger, Ekel, Trauer, Freude und Überraschung.

Aus einer langen Reihe von Studien wurde dann im Jahre 1978 von den Emotionsforschern Paul Ekman und Wallace Friesen ein „Facial Coding System“ entwickelt, mit dem die geringsten Gesichtsbewegungen gewissermaßen katalogisiert wurden.
Dadurch konnten die Erkenntnisse der Emotionsforscher einer anderen Fachöffentlichkeit, wie z.B. Marketingexperten, zugänglich gemacht werden.
Zu nennen ist das in der Schweiz ansässige Institut Link, das diese Methode verwendet. Zur Messung der Emotionalen Intelligenz wird eine Webcam eingesetzt, die eine Testperson dabei aufnimmt, wie diese gerade einen Werbespot im Fernsehen schaut.
Während der Sendung werden die Gesichtsbewegungen dieser Person in jeder Sekunde genau erfasst, sodass sie dann mit Hilfe einer speziellen Software analysiert werden können. Auf diese Weise ist es möglich, festzustellen, an welchen Stellen des Werbespots welche Emotionen in welcher Intensität auftraten. Die emotionale Reaktion spielt eine Rolle z.B. bei der Beurteilung der Wirksamkeit eines Werbespots.

Zur Ermittlung von Emotionen werden aber auch andere Methoden angewandt. So kann man die EQ auch mit Hilfe der Messung von Hirnströmen und einem EEG feststellen. Dafür hat man eine Haube entwickeln können, die die Testpersonen aufsetzen müssen.
Sie ist mit Elektroden ausgestattet und kann ohne die Verwendung von Gleitmitteln und ohne Kabel verwendet werden. Auch hierbei müssen sich die Testpersonen einen Werbespot anschauen, wobei die Emotionen per Software ausgewertet werden können.
Es gibt aber auch die Möglichkeit der Messung, bei der die Leitfähigkeit der Haut eine zentrale Rolle spielt. Dadurch lässt sich der emotionale Erregungsgrad eines Menschen messen. Diese Erregung wird über die Haut nach außen geleitet, was diese zu einem sicheren Indikator für Emotionale Intelligenz macht.
Aber auch der Herzschlag, den man mit einem EKG erfassen kann, wie auch Puls und Blutfluss im Körper können als Indikatoren benutzt werden. Den Blutfluss kann man mit Hilfe einer sensorischen Fingerkuppe analysieren. Auch diese Methoden werden von Emotionsforschern in aller Welt eingesetzt.

5. Von welchen EQ-Werten geht man aus?

Trotz der Erkenntnisse über die Emotionale Intelligenz bei Menschen wird die Frage nach dem EQ eher selten gestellt. Oder man verwechselt den IQ mit dem EQ. Eine andere Annahme, die oft vertreten wird, ist die, dass ein Mensch mit einem hohen Intelligenzquotienten auch über einen hohen EQ verfügen würde. Das trifft nicht zu.
Heute ist man in der Lage, sowohl den IQ als auch den EQ in Tests mit Standardparametern zu ermitteln. Der IQ-Wert von 100 steht für eine durchschnittliche Intelligenz mit durchschnittlichen logischen Fähigkeiten, während ein EQ

von 100 für eine durchschnittliche Emotionale Intelligenz mit ebenfalls durchschnittlicher Sozialkompetenz steht.
Von diesen, für IQ und EQ angenommenen Durchschnittswerten, auf die sich die Psychologen verständigt haben, leiten sich die Werte darunter oder darüber ab. Kann man bei Ihnen z. B. einen EQ-Wert von 130-160 ermitteln, verfügen Sie über eine hohe Emotionale Intelligenz mit hoher sozialer Kompetenz.

Wer einen EQ-Wert von 80-90 hat, mag zwar eine hohe logische Auffassungsgabe haben, muss aber an seiner Emotionalen Intelligenz noch arbeiten. Man hat z.B. auch herausgefunden, dass Frauen in der Regel höhere EQ-Werte haben als Männer.

6. Kann man die individuelle Emotionale Intelligenz steigern?

Sie können ihren EQ steigern, indem Sie an sich selbst arbeiten. Nachstehend 8 Tipps zur Verbesserung Ihrer Emotionalen Intelligenz:

<u>1. Nehmen Sie Ihre Gefühle wahr!</u>
Obwohl es nicht wenige Menschen gibt, die keinen Bezug zu ihren Emotionen herstellen können, ist es auch für sie möglich, diese zu spüren. Dazu gehört auch, dass sie zugelassen werden. Um eine Emotion umfassend wahrnehmen zu können, ist es notwendig, ihr einen Raum zu geben. Sie müssen ausgelebt werden. Sie zurückzuhalten, führt in die falsche Richtung. Wenn Sie traurig sind, seien Sie traurig! Wenn Sie wütend sind, scheuen Sie sich nicht, Ihre Wut rauszulassen.

Es gibt Menschen, die dorthin gehen, wo keine Menschen sind, um ihre Wut herauszuschreien. Diese Spannungsentladung ist nicht nur wichtig für die eigene Gesundheit, sie zeigt Ihnen auch, was es mit Ihren

Emotionen auf sich hat. Geben Sie Ihren eigenen Emotionen Raum, können Sie auch die Emotionen anderer Menschen verstehen lernen. Ein Mensch, der weiß, was Trauer bedeutet, kann einen anderen Trauernden verstehen. Das ist es, was Empathie bedeutet.
Mitfühlen auf der Grundlage des Erlebens der eigenen Emotionen - das ist bis zu einem gewissen Grad erlernbar. Die Emotionen spüren lernen, hilft Ihnen auch dabei, sich Ihnen zu stellen. Auf diese Weise sind Sie plötzlich aufkommenden Emotionen, wie Angst oder Wut, nicht hilflos ausgesetzt. Was sie kennen, können sie steuern.
Können Sie das nicht, kann es vorkommen, dass Sie in manchen Situationen unpassend reagieren, wütend werden, wo es nicht notwendig ist.
Sie können Ihre Emotionen selbst erkunden, indem Sie mit Ihnen arbeiten. So können Sie sich z. B. fokussiert an ein schönes Ereignis in Ihrem Leben erinnern und versuchen, das Gefühl, das Sie damals hatten, erneut zu erfahren. Durchleben Sie es! Die gleiche Methode lässt sich auch im Fall negativer Emotionen anwenden. Das hilft Ihnen auch dabei, Signale zu erkennen.
Plötzliche Stimmungsumschwünge, aufgrund von starken Emotionen, kündigen sich oftmals an.
Das kann passieren, wenn Sie sich z. B. in eine Situation begeben, von der Sie wissen, dass sie diese oder jene emotionale Reaktion hervorruft. Oftmals werden Sie vielleicht schon davor nervös, fangen an zu transpirieren oder fühlen sie ganz einfach unwohl. Das sind Warnsignale, die Sie wahrnehmen können, wenn Sie sich und Ihre Emotionen kennengelernt haben.
So manche starke Emotion ist mit Erfolg oder Misserfolg verbunden. Beobachten Sie sich darum immer ganz genau, wenn sie sich in Lebenslagen befinden, in denen es genau darum geht! Wie reagieren Sie? Oder wie reagieren Sie nicht?

<u>2. Nehmen Sie negative Emotionen an!</u>
Wer seine negativen Emotionen akzeptiert, wird diese auch zu relativieren lernen. Der Grund ist einfach: Erkunden Sie

eine negative Emotion, erkennen Sie auch deren Grenzen - aber auch deren Sinn.
Haben Sie Angst, hat diese Angst im besten Fall eine situativ beschränkte Bedeutung. Sie gehen nachts allein durch die Straßen und fürchten sich, überfallen zu werden. Diese Angst ist auf die Situation beschränkt. Viele Menschen, die Ihre Emotionen nicht kennen und steuern können, projizieren diese in die Zukunft. Sie sagen dann irgendwann, dass sie nachts nicht mehr auf die Straße gehen, weil sie Angst davor haben, überfallen zu werden.
Passiert so etwas, ist der Mensch Opfer seiner Emotionen geworden. Er ist der Angst hilflos ausgeliefert.
Kennen Sie aber Ihre Emotionen, können Sie sie relativieren. Lassen Sie sich von der Angst beherrschen, wird diese Ihr Leben bestimmen. Das wollen Sie nicht. Relativeren von Ängsten führt dazu, dass diese an Kraft verlieren.
Gehen Sie also nachts durch die Straßen und sagen sich, dass sie hier in einer sicheren Wohngegend sind, dass auch andere Menschen unterwegs sind, und es keinen Grund zur Angst gibt, verfliegt diese Emotion wieder. Auch wenn Sie sich vielleicht noch etwas unwohl fühlen sollten, sie werden nicht mehr von der Angst gelenkt. Sie werden von ihr nicht gelähmt.

Das Gleiche gilt für Trauer. Trauer ist ein wichtiger Bestandteil des menschlichen Lebens, doch Trauer kann den Menschen auch buchstäblich lähmen.
Im Fall von Ärger kann es vorkommen, dass man sich schnell dieser Stimmung hingibt. Sie warten z. B. auf Freund und Freundin, der oder die nicht pünktlich am Treffpunkt erscheint. Sie warten sehr lange und irgendwann werden sie ärgerlich. Ohne eine Erklärung dafür finden zu wollen, was passiert sein könnte, beginnen Sie mit einer Gedanken-Tirade, bei der Sie vielleicht sogar den Sinn der Freundschaft selbst in Frage stellen.
Sie putschen sich selbst auf, bereiten sich Stress, der sich auf Ihr Wohlbefinden auswirkt. Ihre gute Stimmung verschwindet mehr und mehr, und als Freund oder Freundin

endlich kommt und sich für die Verspätung mit einem triftigen Grund entschuldigt, haben Sie große Schwierigkeiten, den Ärger zu verstecken. Das kann der Beginn weiterer Probleme sein.
Bleiben Sie darum ruhig und gehen Sie solchen Emotionen nicht nach! Überdenken Sie die Lage entspannt und sagen Sie sich, dass jeder Mensch sein eigenes Leben hat, Prioritäten setzen muss und Probleme hat! Diese Relativierung der Situation wird Ihnen hilfreich sein.

3. Bleiben Sie immer ruhig!
Nicht wenige Menschen haben sich, aufgrund der Tatsache, dass sie in hektischen und stressigen Situationen die Nerven verloren haben, in schwierige Lebenslagen gebracht. Denken Sie z. B. an die Berufswelt! Sind Sie bei der Arbeit, kann der Druck auf Sie schnell anwachsen, Ihre Nerven werden strapaziert, Sie verlieren den Kopf und geben dem Stress nach.
Das Beste, was Sie in solchen Situationen tun können, ist, in sich zu gehen. Gehen Sie irgendwohin, wo Sie für sich allein sein können, und nutzen Sie die Möglichkeit einer Blitzmeditation!
Beruhigen Sie Ihren Atem und spüren Sie so objektiv wie möglich Ihren Emotionen nach! Dafür reichen eine oder zwei Minuten aus. Eine andere Möglichkeit ist es, auf die Toilette zu gehen und sich das Gesicht eiskalt abzuwaschen. Sie können aber auch, sofern das möglich ist, Ihren Arbeitsplatz kurz verlassen und einen Spaziergang einlegen.

Ist es kalt draußen, haben Sie den Vorteil, dass bereits die niedrigen Temperaturen den Stress reduzieren. Bewegung allgemein hat eine beruhigende Wirkung. Manche Menschen joggen ein wenig, um sich in eine andere Stimmung zu versetzen.

Wichtig ist nur, dass Sie die hektische Situation kurzzeitig verlassen. Machen Sie dabei einen inneren Schritt zurück und gehen Sie auf Distanz - auch zu sich selbst! Dann können Sie sich schneller beruhigen. Sie werden schon nach wenigen Minuten Ablenkung bemerken, dass Sie frische Kraft bekommen, um das Problem, das Ihnen Stress bereitete, neu anzugehen und vielleicht zu einer guten Lösung zu gelangen.

4. Treiben Sie Sport!

Sport ist nicht selten ein „leidiges“ Thema. Oft mangelt es an Zeit, die man täglich zur Verfügung hat. Oft ist man aber auch nur müde vom Arbeitstag.

Dennoch ist es wichtig, sich für eine körperliche Betätigung zu begeistern. Bewegung durch Sport dient dem effektiven Stressabbau und gleicht aus. Es gibt auch andere Methoden, negative Energien und Emotionen sowie emotionale Verstimmung effektiv zu beseitigen. Manche Menschen kaufen sich einen Boxsack, den sie sich in die Wohnung hängen. Oder aber man benutzt ein Gymnastikgerät. Auch Joggen ist eine weitverbreitete Möglichkeit, um ein negatives Energiepotenzial abzubauen. Der Sinn hinter allen diesen Optionen ist es, die negative Energie im Körper nach außen zu lenken. Das geschieht durch Bewegung. Bewegungsenergie dient dabei gewissermaßen als ein Transformator. Abgesehen davon ist Sport für Ihre Gesundheit empfehlenswert und Ihre Fitness und Leistungsfähigkeit wird erhöht.

Außerdem können Sie durch körperlicher Aktivitäten Ihr persönliches Selbstvertrauen stärken. All das hilft auch beim individuellen Umgang mit Emotionen.

5. Sprechen Sie über Ihre Emotionen!

Nicht wenige Menschen haben Probleme, über ihre Emotionen mit anderen zu sprechen und sich darüber auszutauschen. Das gilt für das Geschäftsleben genauso wie für das Privatleben. Nicht wenige Beziehungen scheitern, weil die Beteiligten nicht offen über ihre Emotionen und Befindlichkeiten sprechen. Gerade in Situationen, in denen viele Emotionen im Spiel sind, ist es häufig notwendig, diese auch offen anzusprechen.

Offenheit ist ein Schlüssel zur Lösung vieler Probleme, die auf unverstandene oder falsch vermittelte Emotionen zurückgehen.
Es ist darum wichtig, dass Sie nicht nur Ihre Emotionen selbst erkunden, sondern sich auch anderen emotional mitteilen können. Sagen Sie, wer Sie sind und wofür Sie stehen! Es ist eine Illusion zu denken, dass Menschen, die nicht offen zueinander sind, auch intime Nähe erfahren können. Körperliche Nähe ist keine emotionale Nähe.
Der Trick beim Zeigen von Emotionen ist eigentlich ganz einfach. Oftmals werden emotionale Botschaften falsch „verpackt" an den Adressaten geschickt. Das bedeutet, dass Sie immer nur Ich-Botschaften versenden sollten. Verzichten Sie auf Botschaften, die das „Du", also den anderen, in den Vordergrund stellen, besonders wenn es vorwurfsvoll geschieht!
Diese Botschaften haben den sofortigen Effekt, dass sie als Anklage aufgenommen werden. Fühlen Sie sich schlecht behandelt und übermitteln Sie die Botschaft dazu mit einem „Du-bist-schuld", bewirken Sie nur, dass Ihr Gegenüber in die Defensive gedrängt wird. Das führt dazu, dass man Ihnen nicht mehr richtig zuhören wird, denn niemand will in eine Ecke gedrückt werden.
Die Folge solcher emotionalen Fehlverhalten sind fast ausnahmslos Streitgespräche, die immer weiter von der Lösung des Problems wegführen. Das haben Sie in diesem Fall selbst geschaffen, weil Sie zu Beginn nicht offen genug waren, anzusprechen, worum es eigentlich geht.
Ich-Botschaften zeigen, dass Sie das Gegenüber respektieren. Sie sagen also z. B. nicht: „Du sitzt ja immer nur am PC und hast keine Zeit mehr für mich". Stattdessen formulieren Sie den Satz: „Ich fühle mich abends immer so allein." Außerdem lässt eine Ich-Botschaft dem Gegenüber die Freiheit, die Situation aus Ihrer Perspektive zu überdenken und zu verstehen.

<u>6. Hören Sie mit vier Ohren!</u>

Wenn Menschen sich gegenseitig nicht richtig zuhören, kommt es zu Missverständnissen. Man hat herausgefunden, dass jede Botschaft, die man durch seine Sprache und sein Verhalten sendet, vier Aspekte aufweist. Dabei spricht man von dem sogenannten Kommunikationsquadrat bzw. dem „4-Ohren-Modell". Eine beliebige Aussage besteht aus:

- Sachinformation, d.h. die Kernaussage, über die Sie jemanden anderes informieren.
- Ich-Botschaft, die alles das enthält, was Sie mit der Kernaussage von sich als Person mitsenden. Die Ich-Botschaft besteht zu großen Teilen aus unbewussten, ungewollten Inhalten.
- Beziehungs-Statement, das alle Informationen umfasst, die aussagen, wie Sie zu der anderen Person stehen und was Sie von dieser halten.
- Aufforderung bzw. „Appell", der das ausdrückt, was Sie von der Person wollen.

Doch wie ist das in der Praxis anzuwenden?
Sie fahren mit einem Freund auf einer Landstraße. Ihre Geschwindigkeit beträgt 90 Stundenkilometer, was sehr schnell ist. Daraufhin sagt Ihr Freund zu Ihnen: „Hier sind 60 erlaubt." Wie nun bewertet man diese Aussage im Hinblick auf das Kommunikationsquadrat?

- Sachinformation: Die Geschwindigkeitsbegrenzung liegt bei 60 Stundenkilometern.
- Ich-Botschaft: Es stört mich, dass du zu schnell fährst.
- Beziehungs-Statement: Ihr Freund hält Sie für einen unachtsamen oder vielleicht sogar verantwortungslosen Autofahrer.
- Aufforderung: Fahr bitte langsamer!

Sie können diese Analyse bei jedem Satz vornehmen. Natürlich sind auch Gestik, Mimik und Tonfall wichtig, die die jeweiligen Aussagen unterstützen. Je nachdem, welche Aussage Sie „hören", so werden Sie im Normalfall Ihre Reaktion anpassen. Doch am besten ist es, wenn Sie alle vier Aussagen hören und danach handeln.

Es kommt häufig zu Auseinandersetzung in Beziehungen, wenn ein Partner nur bestimmte Aussagen hören will. Dieser reagiert dann „über“. Das sind meistens Ich-Botschaften und Beziehungs-Statements, während die Sachinformationen dann in der Regel unbeachtet bleiben. Man streitet sich in der Folge um etwas, das jeglicher sachlichen Unterhaltung entbehrt, weshalb es auch kein zufriedenstellendes Ergebnis geben kann. Sie erhöhen also Ihren EQ, wenn Sie alle Aspekte eines Satzes, der Ihnen entgegengebracht wird, „hören“.

<u>7. Streiten Sie auf konstruktive Weise!</u>
Streit ist nicht gleich Streit. Streiten mit hohem EQ, bedeutet auf konstruktive Weise streiten, und zwar mit dem Ziel, für sich etwas hinzuzulernen. Mit dem Kommunikationsquadrat lassen sich Fallen in Gesprächen gut umgehen, die sonst zu Auseinandersetzungen führen könnten. Außerdem ist das konstruktive Streiten eine Methode zur Vermeidung ungewollter Äußerungen.

Wie oft kam es schon vor, dass Ihnen das eine oder andere herausrutschte, das Ihnen später leid tat?
Falls ein Streit derart eskaliert, ist es immer besser, diesen sofort zu beenden. Es gibt aber auch die Möglichkeit, dem Kontrahenten vorzuschlagen, eine 20-minütige Gesprächspause einzulegen, um die Gelegenheit zu haben, die Dinge in Ruhe zu überdenken.
In vielen Fällen setzen die Streitenden ihre Auseinandersetzung auf eine völlig andere Weise fort, die Gelegenheit gibt, diese zu schlichten. Eine Pause führt oft zu einer gewissen Einsicht über Sinn und Unsinn des Streitthemas.
Während der Pause ist es ratsam zu versuchen, sich empathisch in die Lage des anderen zu versetzen, seine Position und Argumentation zu durchdenken, auch wenn Sie wütend sein sollten. Einen Streit aus dem Blickwinkel des Kontrahenten zu sehen, dessen Motive zu verstehen, ist eine Fähigkeit, die Menschen mit hohem EQ gezielt einsetzen können.

Es geht in solchen Fällen grundsätzlich darum, das Verhalten bzw. Fehlverhalten des anderen zu verstehen, um auch zukünftige Auseinandersetzungen vermeiden zu können. Verständnis für den anderen wirkt wie ein Lösungsmittel auf Ihre Wut, Ihren Ärger oder auch Ihre Angst.

8. Gehen Sie mit Niederlagen richtig um!
Der emotional intelligente Umgang mit Niederlagen ist immer auf die Zukunft orientiert. Das bedeutet, dass jede Niederlage einen Lerneffekt mit sich bringt. So werden Niederlagen nie zu Rückschlägen. Menschen mit hohem EQ haben die Einsicht in die Tatsache, dass es im Leben keine Schande ist, einen Misserfolg zu haben oder etwas zu verlieren. Verlust und Gewinn gehören zum Leben dazu.
Verhält man sich richtig, können sie sogar die Würze des Lebens sein.
Während Erfolge Menschen nicht selten in ihrer Komfortzone verharren und auf der Stelle treten lassen, können Niederlagen dazu anspornen, mehr aus sich selbst zu machen und sogar über sich hinauszuwachsen.
Je emotional intelligenter Sie sind, desto weniger Negatives gibt es für Sie im Leben, denn Sie versuchen aus allem etwas Positives zu ziehen und zu lernen. Auf keinen Fall soll Sie eine negative Erfahrung zu destruktivem Verhalten animieren. Sie müssen immer konstruktiv sein und bleiben.

7. Emotionale Grundbedürfnisse

Unter emotionalen Grundbedürfnissen versteht man fundamentale menschliche Bedürfnisse, die eigentlich kulturübergreifende Geltung haben. Dabei ist es allerdings individuell verschieden, welche dieser Grundbedürfnisse welche Priorität haben. Sie variieren also in ihrer Bedeutung für den Einzelnen.

Junge Menschen haben andere Bedürfnisse als alte Menschen, ledige wieder andere als verheiratete. Wenn Sie die Grundbedürfnisse kennen, sind Sie besser in der Lage auf einen anderen Menschen zu reagieren. Doch was sind diese nun genau?

1. Sicherheit

Sicherheit ist ein emotionales Grundbedürfnis, das zur Natur des Lebens gehört. Ohne Sicherheit ist kein Leben möglich.

Für einen Menschen, der vor tausenden von Jahren lebte, war die Sicherheit seiner Höhle oder Behausung die Grundlage seiner Existenz. Das Bedürfnis nach Sicherheit, im Sinne von Schutz, ist bis heute unverändert. Jeder Mensch braucht den Schutz einer Wohnung oder eines Hauses. Doch an das Gefühl der Sicherheit passt sich auch das Wohlfühlen an. Hat der Mensch Sicherheit, fühlt er sich wohl. Kann er in einem gewissen Komfort leben, gibt ihm das die Sicherheit, sein Leben in die Zukunft planen zu können.

Diese Planungssicherheit gab es z. B. bei einer früheren Menschenart, die noch als Nomaden lebten oder nur Jäger waren, nicht. Sie lebten von der Hand in den Mund, ihre Lebensplanung bestand darin, den Tag überleben zu können. Das hat sich in der modernen Industriegesellschaft geändert. Zwar gibt es auch heute noch Probleme, wenn es um Schutz und Sicherheit geht, aber in der Regel wird dieses grundlegende emotionale Bedürfnis gestillt.

Natürlich ist dieses Bedürfnis bei den Menschen unterschiedlich ausgeprägt. So gibt es Menschen, die ein festes Dach über dem Kopf brauchen; anderen wiederum reicht ein Zelt. Es gibt Menschen, deren Sicherheitsbedürfnis gestillt ist, wenn Sie einen festen Beruf mit festem Arbeitsvertrag haben. Alles andere wäre für Sie eine emotionale Katastrophe. Andere wiederum brauchen das Gefühl, ungebunden zu sein und sind mit weniger zufrieden.

2. Abwechslung

Für viele Menschen spielt das Sicherheitsbedürfnis emotional eine eher untergeordnete Rolle. Dafür brauchen sie die Abwechslung im Leben.

Ohne regelmäßige Veränderungen von Beziehungen, beruflichen Herausforderungen oder Erlebnissen geht es für sie nicht. Abwechslung ist ein Grundbedürfnis, das der Stimulation des Gehirns dient. Das Gehirn braucht neue Eindrücke, neue Erfahrungen, um wachsen zu können. Und es will lernen.

Wenn es nicht lernen kann, erlebt der Mensch die Folgen oft als depressive Verstimmungen oder psychosomatische Störungen. Wer lange auf der Stelle tritt, fühlt sich nicht nur unwohl, er fühlt sich auch vom Leben abgehängt, aufgegeben, verlassen.

Die Möglichkeiten der Abwechslung sind in der Regel in der modernen Gesellschaft gegeben. Sicherlich steht der Drang, sich auf Reisen zu begeben, andere Länder zu sehen, an erster Stelle, wenn es um das Grundbedürfnis Abwechslung geht. Oder aber es besteht die Möglichkeit, sich sportlich zu betätigen und dabei auch noch etwas für die Gesundheit und Leistungsfähigkeit zu tun.

Wenn es um Beziehungen geht, sind es polygame Menschen, die mit mehreren Partnern leben und ein gesteigertes Bedürfnis nach Abwechslung haben. Aber auch das Wechseln sexueller Praktiken und Vorlieben gehört dazu.

3. Bedeutsamkeit

Wer will nicht wichtig sein? Wer möchte nicht im Rampenlicht stehen? Das Gefühl, sich wichtig zu fühlen und wichtig zu sein, ist für viele Menschen, bei denen dieses Grundbedürfnis besonders ausgeprägt ist, fast schon eine Sucht.

Das zeigt, dass die Grenze zwischen dem Grundbedürfnis selbst und einer Überhöhung dessen fließend ist.

Lebt man dieses emotionale Grundbedürfnis nicht exzessiv, kann sich der Mensch auf vielerlei positive und empathische

Weise in die Gesellschaft einbringen. Und das betrifft die unterschiedlichen Bereiche des Lebens. So ist es vielen Menschen ein großes Bedürfnis, von ihren Nächsten gebraucht zu werden, für die Kinder da zu sein oder sich für den Beruf oder etwas anderes in positiver Weise aufzuopfern.
Aber auch in anderer Hinsicht kommt dieses Grundbedürfnis zum Tragen: Ein Architekt hat den Drang, etwas zu erbauen, ein Künstler will etwas erschaffen, womit er Bedeutung im Leben erlangen kann. Somit steht dieses Grundbedürfnis tatsächlich am Anfang einer jeden sich entwickelnden Kultur.
Ohne die Absicht von Menschen, durch das, was sie erschaffen, wichtig zu sein, könnte diese nicht existieren. Der Erfolg eines Künstlers ist so betrachtet ein Erfolg für die Kultur. Das Grundbedürfnis nach Bedeutsamkeit gibt dem Leben einen Sinn und macht das Streben erst möglich.
Keines der Grundbedürfnisse sollte allerdings zu einer Sucht werden. Gerät dieses emotionale Grundbedürfnis nämlich aus dem Lot, kommt es zu verschiedenen extremen Ausprägungen wie z. B. notorische Wichtigtuerei, übertriebenes Geltungsbedürfnis, Narzissmus.

4. Liebe
Liebe ist wohl das bekannteste, der emotionalen Grundbedürfnisse des Menschen.
Liebe geht einher mit innerer Verbundenheit, die nicht an äußere Gegebenheiten geknüpft ist. In einer Welt, die immer stärker zu einer Veräußerlichung neigt und eine Verbundenheit zwischen den Menschen oft nur „vorgaukelt“, wo materielle Dinge das Grundbedürfnis Liebe ersetzen sollen, kommt es immer häufiger zu psychischen Störungen. Verbundenheit bedeutet Schutz, kein materieller Schutz, sondern ein emotionaler Schutz.
Ohne diesen Schutz geht es im Leben nicht. Die Verbundenheit zu anderen Menschen beginnt bereits im Mutterleib.
Das Verhältnis zwischen Mutter und Kind ist das wohl intensivste, das es gibt. Denn eine Mutter empfindet

bedingungslose, uneigennützige Liebe für ihr Kind. Eltern, die ihr Baby nicht auf den Arm nehmen, werden erleben, dass es schreit und es sich bei dauerhaftem Liebesentzug fehlentwickelt. Bereits Berührungen sind unerlässlich für die gesunde Entwicklung eines Kindes.
Liebe und Verbundenheit bedeuten auch das Bedürfnis nach Fürsorge. Eltern müssen ihrem Kind die volle Aufmerksamkeit schenken, damit es keine psychischen Defekte entwickelt, die das spätere Leben beeinträchtigen.
Das Grundbedürfnis nach Liebe ist etwas, das das gesamte Leben des Menschen durchzieht. Auch wenn es sich manche Menschen nicht eingestehen wollen und sich befreit davon fühlen. Jeder braucht Liebe, sei es die Liebe eines Haustieres, zu welchem man ebenfalls eine tiefe Verbindung aufbauen kann.

5. Entwicklung

Das emotionale Grundbedürfnis nach Entwicklung kann man auch als Bedürfnis nach Wachstum bezeichnen. Es schließt sich an das Bedürfnis nach Abwechslung an. Wachstum bedeutet Entwicklung.

Nichts bleibt so, wie es ist. Alles ist im Wachsen begriffen; Pflanzen, Tiere, Menschen. Selbst Sterne im Weltall werden geboren, wachsen und müssen sterben. Wachstum und Entwicklung sind einer der fundamentalen Antriebsprinzipien allen Lebens.
Und das gilt nicht nur für die materielle Erscheinungsform, die sich verändert. Es gilt auch für die Psyche des Menschen und seine emotionalen Grundbedürfnisse. Der Antrieb zur Weiterentwicklung ist dem Menschen in den meisten Fällen zu eigen.
Das Bedürfnis, sich als Mensch oder auch beruflich weiterzuentwickeln, ist natürlich unterschiedlich intensiv ausgeprägt.
Es gibt Menschen, die viel lesen, um sich weiterzubilden; andere treiben Sport, um ihre Leistungsfähigkeit zu verbessern; andere kultivieren ihre Talente, während wieder

andere in der Meditation die Möglichkeit für geistiges Wachstum suchen.

6. Teilhabe

Dieses emotionale Grundbedürfnis kann man auch als den inneren Wunsch bezeichnen, einen Beitrag zu etwas zu leisten. Der Mensch lebt nicht für sich allein. Um sich zu entwickeln, um sich zu entfalten, ist es auch notwendig, an etwas teilzuhaben, indem man einen Beitrag dazu leistet. Dieses Grundbedürfnis geht weit über das hinaus, was man für sich selbst tun kann.

Doch natürlich wird dieses Grundbedürfnis auf sehr unterschiedliche Art im Leben umgesetzt. Erst der Beitrag, den ein Mensch zu etwas leistet, macht sein Leben zu einem vollständigen Ganzen. Diese Teilhabe rundet es gewissermaßen ab und ist zudem sinnstiftend.

Oft ist mit diesem Grundbedürfnis auch eine Uneigennützigkeit verbunden, so gibt es z. B. Menschen für die dieser zu leistende Beitrag in ehrenamtlichen und karitativen Tätigkeiten besteht. Selbst die Spende ist ein Ausdruck dieser Teilhabe.

Dieses Grundbedürfnis ist etwas ganz Besonderes, denn es führt in vielen Fällen dazu, dass Menschen ein umfassenderes Verständnis aller emotionalen Grundbedürfnisse bekommen.

Wer anderen Menschen hilft, ist nicht nur empathisch und beweist einen hohen EQ, sondern verschafft sich auch selbst eine gewisse Sicherheit. Das ist die Sicherheit, mit beiden Füßen in der Welt zu stehen, für andere da zu sein und dem Leben einen Sinn zu geben, für den es sich lohnt zu arbeiten und zu leben.

8. Facetten von Emotionen

Emotionen sind vielschichtig und durchdringen sich immer gegenseitig. Eigentlich befinden sie sich in einem Fluss. Sie werden es aus eigener Erfahrung kennen: Wie oft ist es schon geschehen, dass ein Glücksgefühl durch eine plötzliche Angst unterbrochen wurde. Der positive emotionale Strom, in dem Sie eben noch waren, verändert sich.

Mit diesem Stimmungswechsel gehen aber auch körperliche Befindlichkeiten einher. Sind Sie glücklich, fühlen Sie sich stark und energiegeladen. Sie könnten Bäume ausreißen. Sind sie depressiv gestimmt, ist es genau umgekehrt. Sie fühlen sich schwach, vielleicht sogar kränklich. Das zeigt, dass es nicht einfach ist, Emotionen voneinander zu trennen.

Obwohl sie separat benannt werden können, sind sie in der gelebten Realität fließend. Um die Vielfalt emotionaler Strukturen besser untersuchen und beschreiben zu können, spricht man von emotionalen Facetten. Das sind mit anderen Worten „Aspekte“, durch die Emotionen ausgezeichnet werden.

Folgende Facetten werden heute unterschieden:

- Subjektives Gefühl
- Gedanken und Verhaltensmuster, die die Emotionen begleiten
- Reaktionen des Körpers

Die Facetten von Emotionen lassen sich ganz einfach nachvollziehen. Wenn Sie z. B. Angst haben oder sich panisch verhalten, tauchen viele negative Gedanken auf. Diese Gedanken haben die Kraft, positive Gedanken, die Sie gerade zuvor noch hatten, buchstäblich in ihr Gegenteil zu verkehren. Alles scheint sich gedanklich zu verfinstern und Sie sind nicht mehr in der Lage, einen klaren, konstruktiven Gedanken zu fassen.

Dieses subjektive Gefühl geht also mit entsprechenden Gedanken einher. Ihr Gehirn schaltet um. Auch Ihr Verhalten ändert sich. Wenn Sie denken, dass Sie sich in einer gefährlichen Situation befinden, werden alle Ihre Sinne angestrengt. Dieser Impuls dient der möglichen Gefahrenabwehr. Ob diese real ist oder nicht, kann das Gehirn dabei nicht feststellen.

Das ist ein gewisses Paradoxon, könnte man doch annehmen, dass gerade das Gehirn Herr der Lage ist. So ist es aber nicht. Das Gehirn agiert aufgrund bestimmter neuronaler Impulse, die es vom sympathischen Nervensystem erhält. Der Sympathikus ist für die körperlichen Reaktionen auf äußere Reize zuständig.

Wenn Sie nicht selbst Ihrem Gehirn beibringen, wie es den Organismus zu steuern hat und welche Reize auf welche Weise beantwortet werden sollen, unterliegen Sie sehr schnell Angst oder Panik.

Zu dem subjektiven Gefühl und den Gedanken gesellen sich dann also die Reaktionen Ihres Körpers. Doch Ihre nach außen gerichteten Sinne werden nicht nur angestrengt und angespannt, auch Ihr Puls wird sich beschleunigen. Außerdem kommt es zur verstärkten Ausschüttung von Neurotransmittern und Stresshormonen, die dazu dienen, Ihren Körper anzutreiben.

Im Fall von Freude ist es genauso:

Auch hierbei erhöht sich Ihr Pulsschlag, Ihr Herz wird schneller schlagen als zuvor, Ihre Pupillen mögen sich erweitern und Glückshormone werden in großen Mengen ausgeschüttet. Auf Ihrem Gesicht zeigt sich ein breites Lächeln, Ihre Gesichtszüge werden weich, Ihre gesamte Erscheinung wirkt strahlend auf andere Menschen.

Eine Emotion wird als solche bezeichnet, wenn alle drei emotionalen Facetten zusammenwirken. Auch wenn es Ihnen nicht auffallen sollte, aber es ist immer so. Natürlich gibt es bestimmte Faktoren, die sich bei verschiedenen, ganz unterschiedlichen Emotionen bemerkbar machen.

Das ist z. B. der erwähnte Pulsschlag oder der Herzschlag. Aber auch das Nervensystem wird durch Freude oder Wut in einen aktiven Zustand des Wachseins versetzt, ohne dass Sie etwas dazu tun könnten.

Was Facetten von Emotionen betrifft, gibt es noch weitere Faktoren, die zu nennen sind:

Die Alltagssprache verwischt oft die Unterschiede zwischen den Begriffen Gefühl, Emotion, und Stimmung. Sie werden oft synonym verwendet. Das betrifft auch die Bezeichnung „Affekt“.

Psychologen verstehen unter einem Affekt eine plötzliche und kurzzeitig auftretende, dafür sehr intensive emotionale Reaktion. Ein Affekt kann nur wenige Sekunden dauern, wird aber in seiner Wirkung als sehr „stark“ empfunden.

Er ist in vielen Situationen, in denen ein Mensch emotional intensiv reagiert, häufig die initiale Emotion, die erste Reaktion also auf einen äußeren Reiz, der positiv oder negativ sein kann. Das durchaus Problematische an Affekten und sogenannten Affekthandlungen ist, dass diese intensiven Emotionsausbrüche kognitiv nicht reflektiert werden können. Sie denken also mit anderen Worten nicht darüber nach, bevor Sie etwas tun. Es „kommt über Sie“, wie man umgangssprachlich sagt.

Starke Wut kann Affekthandlungen auslösen, die man im Nachhinein oftmals bereut. Sie kennen es vielleicht. Sie geraten mit einem anderen Menschen in eine heftige Diskussion, die schon bald ausufert. Doch sie widersprechen Ihrem Gegenüber in dieser Situation nicht, wie Sie es vielleicht sonst tun würden, sondern ballen Ihre Hand zur Faust.

Der andere Begriff, der weiter oben gefallen ist, lautet „Stimmung“. Unter einer Stimmung wird das genaue Gegenteil eines Affekts verstanden.

Während ein Affekt eine plötzliche, unreflektierte Emotion ist, hält eine Stimmung über lange Zeit hinweg an. Stimmungen sind zeitlich betrachtet grenzenlos. Oftmals werden sie auch als solche empfunden, sodass es auch Stimmungen gibt, die sogar Tage anhalten können.

Leider zählen auch depressive Stimmungen bzw. Verstimmungen dazu.

Weil eine Stimmung lange anhält, ist sie von Natur aus bei weitem nicht so intensiv wie ein Affekt. Während Affekte als abrupte Ereignisse innerhalb eine Verhaltensflusses wahrgenommen werden, empfindet man Stimmungen als dahinfließend. Man bezeichnet Stimmungen in der Umgangssprache auch als „Launen“. Wer launisch ist, ist bestimmten Stimmungen unterworfen. Ein launischer Mensch ist in der Regel das Gegenteil von einem impulsiven, oft affektgesteuerten Menschen.

Stimmungen sind transpersonal, was bedeutet, dass sie z. B. für eine größere Gruppe von Menschen „vorherrschend“ sein können. Bei einer Party sagen Sie, dass eine ausgelassene Stimmung herrscht, weil alle Beteiligten mehr oder weniger die gleiche gute Laune haben. Stimmungen haben zudem die Kraft, andere Menschen regelrecht anzustecken.

Wenn Sie im Sommer an einer Gruppe junger Menschen vorbeigehen, die auf einer Wiese ausgelassen spielen oder Sport treiben, werden sie regelrecht mitgerissen. Ihre Stimmungslage hellt sich vielleicht auf, negative Gedanken verschwinden, Sie werden aus Ihrem Grübeln gerissen und freuen sich einfach mit den anderen Menschen mit.

Doch Stimmungen können auch tückisch sein. Gehen Sie z. B. an der gleichen spielenden Gruppe von jungen Menschen vorbei und sind depressiv gelaunt, werden Sie diese Ausgelassenheit der anderen womöglich als aufdringlich, störend empfinden. Wenn eine andere Person lacht, während Sie in einer depressiven Stimmung verharren, kann es geschehen, dass Sie das Lachen persönlich nehmen und verärgert reagieren. Gerade weil Stimmungen fließend sind, kann man schnell das Gefühl bekommen, in ihnen gestört zu werden.

Zusammenfassend sollte noch auf einen Umstand hingewiesen werden, der oftmals umgangssprachlich vermischt wird. Das betrifft die Begriffe Emotionen und Gefühle. Psychologisch betrachtet sind Emotionen keine Gefühle. Unter Gefühlen versteht man die individuelle, subjektive Komponente von Emotionen. Ein Gefühl begleitet also eine Emotion, bei der es sich um einen angeborenen Impuls handelt, auf den im Normalfall der Mensch eigentlich keinen Einfluss hat.

Es gibt nicht viele Emotionen. Diese sind:

- Freude
- Angst
- Wut
- Trauer
- Überraschung
- Verachtung
- Ekel

Oftmals wird das Wort „Emotion“ als eine Art Überbegriff für Gefühle, Affekte und auch Empfindungen benutzt, obwohl eine Emotion auch organische und mentale Faktoren umfasst.

9. Die emotionale Entwicklung

Wie bereits erläutert wurde, verfügt der Mensch durch das Medium der Vererbung über eine Reihe von Emotionen. Diese sind, egal welcher Kultur er angehörig sein mag, im Wesentlichen gleich. Jeder Mensch empfindet z. B. Angst, Wut oder Trauer.

Doch wie entwickeln sich diese Emotionen und welche Grundvoraussetzungen sind notwendig, damit sich ein Mensch überall emotional auf eine gesunde Weise entwickeln kann, damit er im Leben eine emotionale Kompetenz vorzuweisen hat?

Da die Emotionen als Anlage bereits bei der Geburt vorhanden sind, geht es darum, sie sich entwickeln zu lassen. Das beginnt natürlich bereits im frühesten Kindesalter mit den Fähigkeiten, die ein Kind erlernen muss, um eine emotionale Kompetenz zu besitzen.

Diese besteht darin, mit den eigenen Emotionen und auch den Emotionen anderer Menschen auf konstruktive Weise umzugehen. Ein erwachsener Mensch, der in seine Kindheit und in seinem Jugendalter eine emotionale Entwicklung durchgemacht hat, verfügt in der Regel über ein ausgeprägtes Selbstbewusstsein und hat zahlreiche verschiedene Methoden zur Auswahl, die ihm dazu dienen, mit Niederlagen und Erfolgen umzugehen.

Er ist dazu fähig, Beziehungen zu anderen Menschen zu unterhalten und enge Bindungen zu ihnen aufzubauen.

Das macht deutlich, dass die emotionale Entwicklung eines jungen Menschen auf das Engste mit seiner sozialen Einbindung in die Gesellschaft und seiner sozialen Entwicklung in dieser verbunden ist. Tatsächlich kann man sagen, dass soziale und emotionale Grundkompetenzen einander bedingen. Das eine baut auf dem anderen auf.

Die emotionale Entwicklung hat auch viel mit Gefühlen zu tun, die, im Gegensatz zu Emotionen, individuell sehr unterschiedlich ausfallen. Gefühle hängen immer mit bestimmten Erfahrungen, Geschehnissen, Befindlichkeiten und sozialer Kommunikation zusammen.

Die emotionale Entwicklung umfasst folgende Fähigkeiten:

- Äußerung von Gefühlen, verbal und nonverbal
- Verstehen von eigenen Gefühlen
- Akzeptieren von eigenen Gefühlen (Emotionsregulation)
- Verbergen von eigenen Gefühlen
- Vortäuschen von Gefühlen
- Konstruktiver Umgang mit Gefühlen
- Verarbeitung von Gefühlen
- Erkennen von Emotionen anderer
- Bewertung von Emotionen anderer
- Reagieren auf die Emotionen anderer (Empathie)

In der Summe ergeben diese aufgeführten Fähigkeiten die soziale Kompetenz.

Obwohl die mütterlichen Emotionen auf das Kind im Mutterleib nachweislich einen nicht unbedeutenden Einfluss haben, fängt die eigentliche emotionale Entwicklung im ersten Lebensjahr an. Bereits unmittelbar nach der Geburt ist das Neugeborene bereits in der Lage, Primäremotionen wie Angst, Freude oder Neugierde zu zeigen. Es weint, wendet den Kopf in Richtung, aus denen Geräusche kommen oder lächelt einen anderen Menschen an.

Ein Baby kann bereits bestimmte Emotionen von Mutter und Vater und anderen familiären Bezugspersonen deuten, nachahmen und auf diese reagieren. Doch findet dieser emotionale Ausdruck unbewusst statt, d.h. das Neugeborene kann noch keine Empathie bewusst empfinden.

Die sogenannte externe Emotionsregulation eines Babys findet noch über die Bezugspersonen statt. So muss das Baby z. B. getröstet werden, wenn es weint.

Mit dem zweiten Lebensjahr beginnt das Kind damit, sich zunehmend verbal zu äußern. Der Wortschatz vergrößert sich und damit der emotionale Ausdruck. Grundlegende Gefühle können bereits benannt werden. Es erkennt diese auch bei anderen Menschen. In diesem Alter mach das Kind seine ersten Erfahrungen mit Sozialregeln.
Es erweitert seine Emotionsregulation, da es lernen muss zu unterscheiden, was erwünscht ist und was nicht. So erfährt es z. B., dass es im Falle von Wut nicht einfach mit den Füßen treten darf oder aber bei Hunger nicht laut weinen soll.
Mehr und mehr erwirbt das Kind die Fähigkeit, sich in die Gefühlslage eines anderen Menschen zu versetzen, wobei eigene Gefühle und die Gefühle anderer jedoch noch nicht klar voneinander getrennt werden können.
Hat das Kind sein drittes Lebensjahr erreicht, hat es die Fähigkeit entwickelt, den Unterschied zwischen einer emotionalen Erfahrung und einem emotionalen Ausdruck zu verstehen. Das macht die eigenständige Manipulation des Gesichtsausdrucks möglich, womit es emotionale Reaktionen bei anderen Menschen herrufen kann.
Mit dem sich stetig erweiternden Wortschatz und der Ausdrucksfähigkeit wächst auch die Fähigkeit, Gefühle genauer auszudrücken und sie sogar zu erklären. In diesem sogenannten „Trotzalter", das auch ein Effekt des emotionalen Lernprozesses ist, braucht ein Kind jedoch noch viel Unterstützung seitens der Bezugspersonen, um zu gewährleisten, dass es mit seinen Emotionen auch richtig umzugehen lernt.

Im Kindergartenalter, dem vierten und fünften Lebensjahr, machen Kinder vielfältige neue Erfahrungen und lernen Empfindungen kennen, die sie selbst, aber auch andere betreffen. Doch diese werden oft noch als sehr verwirrend wahrgenommen.

Ein Kind in diesem Alter hat die Fähigkeit erworben, seine Gefühle anderen gegenüber zu erklären, wobei es auch zu einem gewissen Grad gelernt hat, eigene Erfahrungen und Emotionen zu reflektieren. In diesem Alter entwickelt das Kind bereits eigene Strategien zum Umgang mit negativen Erlebnissen und Gefühlen.

Ablenkungen, aber auch Konfliktvermeidungen gehören zum Repertoire der emotionalen Entwicklung. Jedoch kommt kein Kind in diesem Alter ohne elterliche Hilfestellung aus.

Auch ist es wichtig, dem Kind emotional immer konstruktiv zur Seite zu stehen. Kindergartenkinder verfügen über eine relativ gut ausgeprägte Fähigkeit, sich in den anderen hineinzuversetzen.

Ihre Empathiefähigkeit hilft ihnen dabei, enge Beziehungen zu anderen einzugehen. Sie können zwischen den eigenen Gefühlen und denen anderer Menschen unterscheiden.
Kommt ein Kind in das Schulalter hat es die Fähigkeit erworben, sich auf komplexe Weise emotional auszudrücken. Es weiß, welche Emotionen es wann und wo zeigen kann und darf, kennt die sozialen Regeln. Ein Kind im sechsten und siebten Lebensjahr ist in der Lage enge Beziehungen und Freundschaften zu schließen.
Es zeigt Empathie, kann emotionale Kompromisse eingehen, negative Empfindungen deuten und verarbeiten und sich mit der eigenen Gefühlswelt auseinandersetzen. Gefühle können zielgerichtet eingesetzt, manipuliert, angepasst und unter Kontrolle gehalten werden.

In Bezug auf die soziale Kompetenz und die Entwicklung der Empathie werden folgende Unterscheidungen vorgenommen:

Lebensjahr: Globale Empathie, d.h. das Kind lässt sich zwar emotional von Bezugspersonen anstecken, zeigt aber kein prosoziales Verhalten.

2.-4. Lebensjahr: Egozentrische Empathie, d.h. das Kind vermischt eigene und fremde Gefühle, wobei das prosoziale Verhalten mehr und mehr erweitert wird.

4.-6. Lebensjahr: Emotionale Empathie, d.h. das Kind kann zwischen den eigenen Gefühlen und den Gefühlen anderer differenzieren, zeigt prosoziales Verhalten nicht nur aus eigener emotionaler Sicht, sondern auch aus der Sicht der anderen Person.

Ab 7. Lebensjahr: Kontextuelle Empathie, d.h. das Kind kann unterschiedliche Identitäten, Kontexte und Lebenslagen anderer Menschen einordnen, bewerten und berücksichtigen.

Im Vorschulalter lernt der junge Mensch auch mit komplexen Emotionen umzugehen. Das Kind lernt Schuld, Neid, Stolz, Scham, etc. kennen. Das gilt für Emotionen, die sozial bedingt geweckt werden, als auch für solche, die auf die eigene Person bezogen werden. Beide Kategorien setzen allerdings die kognitive Entwicklung des Kindes und ein differenziertes Auffassungsvermögen von Emotionen voraus.

Die Herausbildung sozialer Fertigkeiten, wie das Empfinden von Schuld oder Scham, kann man wie folgt verdeutlichen:

4.-5. Lebensjahr: Bezogen auf die soziale Fertigkeit „Stolz" sagt ein Kind in diesem Alter, es sei stolz, dass es Geburtstag habe. Das bedeutet, dass diese Emotion als angenehm und glückbringend empfunden wird.

Bis 7. Lebensjahr: In diesem Alter sagt ein Kind, es sei stolz von einer Bezugsperson gelobt worden zu sein. Daraus geht hervor, dass die Reaktion von Mutter oder Vater auf das Verhalten des Kindes als entscheidend empfunden wird.

Ab 8. Lebensjahr: In diesem Alter sagt ein Kind, es sei stolz etwas mitmachen zu können. Das bedeutet, dass ein persönlicher Vergleichsmaßstab angesetzt wird und eigene Gründe in den Vordergrund treten. Das Kind hat die Fähigkeit zur Einschätzung eigener Leistungen entwickelt und kann sich nun in Beziehung zu anderen setzen.

10. Emotionales Lernen

Lernen durch Emotionen ist ein nachhaltiges Lernen, da sich die Inhalte durch die erlebte Emotion besser einprägen.

Für emotionales Lernen sind folgende Faktoren von Bedeutung:

- Bewusster Umgang mit Emotionen bzw. Emotionsbewusstheit
- Fähigkeit zur Kommunikation
- Fähigkeit zum Aufbau von Beziehungen

Doch oft wird emotionales Lernen zu sehr an kognitive Lernmethoden angepasst. Aus diesem Grunde definiert man heutzutage gerne ein Grundanliegen für emotionales Lernen, wie z. B. die Beschäftigung mit der Emotion Angst. Das Lernen lehnt sich dann an die Fähigkeit an, Ängste zu vermeiden und dadurch in verschiedenen Situationen angemessen zu reagieren. Angstvermeidung hat sehr viel mit der Fähigkeit zu tun, Krisensituationen zu meistern und zu überwinden, sowie daraus resultierende Veränderungen sinnvoll und konstruktiv zu gestalten und zu strukturieren.
Grundsätzlich geht es beim emotionalen Lernen vornehmlich darum, bereits früh entstandene emotionale Muster, im Zuge einer Selbstreflexion, zu erkennen. Man kann beim emotionalen Lernen weitere Unterscheidungen vornehmen. So spricht man z. B. von explizitem und implizitem emotionalem Lernen.

Explizites Lernen bedeutet die alleinige Fokussierung auf die Ebene der Emotionen und die Beschreibung der Emotionalität, wodurch die betroffene Person eine emotionale Bandbreite und Gewandtheit erlangt, die folgende Aspekte umfasst:

- Selbstreflexion, kritischer Selbstumgang
- Erkennen der eigenen Emotionsmuster
- Kenntnisse der emotionalen Logik, d.h. die Art und Weise, wie sich Emotionen äußern
- Selbstbeobachtung, Achtsamkeit
- Selbstakzeptanz
- Akzeptanz von Emotionen anderer Menschen
- Empathiefähigkeit
- Toleranz
- Gelassenheit
- Fähigkeit loslassen zu können

Unter implizitem, emotionalem Lernen versteht man neuronale Aktivitäten, bei denen emotionale Bewertungen aus früheren Erlebnissen und Erfahrungen, negative oder positive emotionale Aufladungen in den Lernprozess integriert werden, ohne dass sich die jeweilige Person darüber bewusst wäre.

Mit anderen Worten wird das emotionale Lernen durch bestimmte Emotionsmuster beeinflusst oder sogar gelenkt. Nicht selten erweisen sich diese Muster als Blockaden, die die Entwicklung eines Menschen behindern können. Damit wird die Bedeutung des emotionalen Lernens verdeutlicht. Man kann sagen, dass die Erfahrungen der Vergangenheit und die Erlebnisse der Gegenwart, die Gestaltung des Lebens negativ oder positiv beeinflussen.

Wichtig ist es, durch emotionales Lernen einen bewussten Zugang zu diesen emotionalen Schichten zu bekommen, um notfalls therapeutisch Modulationen vornehmen zu können.

Natürlich spielen beim emotionalen Lernen auch der Körper und das Verhältnis zum Körper eine Rolle. Die Körperlichkeit ist ein bedeutsamer Erlebnisfaktor bei emotionalem Lernen, der z. B. über bestimmte Meditationsformen gefördert werden kann.
Dabei beobachtet sich die meditierende Person selbst, ist achtsam, imaginiert Gefühlslagen und denkt sich im Kontext emotionalen Lernens aktiv in bestimmte Gefühle hinein.
Dinge, die Menschen emotional erlernen, werden vom Gehirn als überaus wichtig gewertet. In Erinnerungen spielen oft fast nur Emotionen eine tragende Rolle. Erinnerungen an Erlebnisse, die eine gewisse emotionale Aufladung haben, können länger und intensiver abgerufen werden.
Es scheint fast so, als wären Emotionen so etwas wie das Schmieröl des Gedächtnisses.
Ereignisse, die die Menschen nicht emotional berühren, bleiben auch nicht so gut in Erinnerung. Aus diesem Grunde arbeitet man therapeutisch mit der Angst, denn Erfahrungen, die mit Angst verbunden sind, bleiben besonders stark im Gedächtnis haften.

Man hat herausgefunden, dass bestimmte Stresshormone die Verhaftung von Emotionen in der Erinnerung fördern.

11. Emotionale und soziale Störungen

Der Begriff „Emotionale Störung“ bezieht sich auf eine ganze Reihe von emotionalen Phänomenen, die einzelne Personen oder bestimmte Altersgruppen betreffen oder aber alterstypisch sind.

Dabei ist zu unterscheiden zwischen wirklichen emotionalen Störungen und emotionalen Verstimmungen, die z. B. nicht therapeutisch behandelt werden müssen. Dazu zählen, z. B. Trennungsängste bei Säuglingen und Kleinkindern oder Dunkelängste bei Vorschulkindern.

Emotionale und soziale Störungen treten oft in Kombination mit allgemeinem Motivationsverlust, Konzentrationsproblemen oder auch Schlafstörungen, Traurigkeit und Niedergeschlagenheit auf. In nicht wenigen Fällen sind emotionale und soziale Störungen familiär bedingt und kommen in manchen Familien sogar gehäuft vor.
Außerdem können emotionale Störungen, wie Angststörungen oder depressive Stimmungen, durch prekäre Familienverhältnisse und schwierige Lebensumstände entstehen. Daraus können Angstzustände resultieren, die auf einen Einzelauslöser zurückgehen oder auf mehrere Themen übertragen werden. Wenn von emotionalen Störungen die Rede ist, bezieht sich diese Diagnose immer auf Störungsmuster, niemals auf einzelne oder isolierte Symptome. Dabei spricht man von Merkmalen, die mit emotionalen Störungen einhergehen. Diese sind Angst, negative Stimmungslagen, Scheu, selbstgewählte Isolation, Übersensibilität, Beziehungsprobleme.

Folgende emotionale Störungen gibt es:

<u>1. Angststörungen</u>
Tatsächlich gehören Angststörungen zu den häufigsten Erkrankungen der Psyche in der Gegenwart. Ängste allein machen noch keine Angststörung.
Es ist nichts Ungewöhnliches, Angst vor wilden Tieren, Krankheiten, Tod, Einsamkeit, etc. zu haben. In jeder Phase des Lebens sind Ängste präsent. Schulkinder haben Angst vor schwierigen Prüfungen, Erwachsene haben Angst, Partner oder Partnerin zu verlieren und alte Menschen ängstigen sich vor der Einsamkeit.
Ängste sind Bestandteil einer jeden normalen psychischen Entwicklung. Angststörungen hingegen lassen sich nicht mehr so einfach wie Ängste verarbeiten.

Angststörungen treten s nicht in Situationen auf, in denen eine gesunde Angst angebracht ist. Sie kommen dann, wenn es keinen Grund für eine Angst gibt, d.h. sie stehen nicht mehr in Bezug zu einer Gefahr oder Bedrohung, der man ausgesetzt ist.

Trotzdem empfinden Menschen, die an dieser emotionalen Störung leiden, ihre Ängste emotional sehr intensiv und haben sogar körperliche Reaktionen.

Körperliche Symptome, die eine Angststörung anzeigen, sind:

- Schweißausbrüche
- Schwindelgefühl
- Zittern
- Herzrasen
- Magen-Darm-Beschwerden

Ursachen für Angststörungen können unter anderem sein:

- Jobverlust
- Trennungsangst
- Unfälle
- Schwierige Lebenslagen
- Scheidung
- Traumatisierende Erfahrungen
- Kindheitserlebnisse
- Einflüsse aus der elterlichen Erziehung
- Soziale Empfindlichkeit

<u>2. Phobien</u>
Unter Phobien versteht man extreme Angststörungen. Es ist allerdings nicht immer möglich, eine Angststörung von einer Phobie zu unterscheiden. Nachstehend einige der am weitesten verbreiteten Phobien:

<u>- Klaustrophobie</u>
Menschen mit einer Klaustrophobie oder „Platzangst“ ängstigen sich vor engen Räumlichkeiten. Für sie ist es z.

B. nicht möglich in einem engen Fahrstuhl zu fahren oder in einem überfüllen Bahnwagen zu sitzen. Auch Flugzeuge, dunkle Kellerräume ohne Fenster oder Umkleidekabinen in Schwimmbädern bereiten ihnen große Probleme. Die klaustrophobischen Reaktionen führen dazu, dass sich die betroffenen Menschen eingesperrt fühlen, sie meinen, dass ihnen keine Fluchtmöglichkeit zur Verfügung steht und sie ersticken werden.

Um das zu vermeiden, tun Menschen mit Klaustrophobie alles, um die, für sie lebensbedrohlich erscheinenden Situationen, zu umgehen. Wenn sie z. B. in ein Haus mit einem Fahrstuhl kommen, entscheiden sie sich für die Treppe. Oder aber sie vermeiden es, mit öffentlichen Verkehrsmitteln zu fahren und nehmen ein Taxi.

- Agoraphobie

Obwohl Agoraphobie im allgemeinen Sprachgebrauch auch als „Platzangst" bezeichnet wird, ist das nicht wirklich zutreffend. Menschen, die an Agoraphobie leiden, ängstigen sich nicht vor engen Räumen, wie Menschen mit Klaustrophobie, sondern empfinden Angst, wenn sie sich auf großen Plätzen befinden. In diesem Fall wird die Fluchtmöglichkeit anders interpretiert. Sie fürchten sich davor, bei Bedrängung durch andere Menschen, keine Rückzugsmöglichkeit zu haben.

Die Kernangst des Betroffenen ist vor allem die Angst vor dem Kontrollverlust. Die auftretenden Ängste drehen sich aber auch darum, die Besinnung zu verlieren oder anderen gegenüber als „unangenehm" zu wirken.

- Soziale Phobie

Diese Phobie bezeichnet man auch als soziale Angststörung. Menschen, die davon betroffen sind, empfinden eine intensive Angst vor dem Gedanken oder der Situation, gesellschaftlich im Mittelpunkt stehen zu müssen. Dabei geht es auch um die Angst, sozial schlecht aufzufallen.

Betroffene leiden häufig darunter, dass sie ihre eigene soziale Wirkung falsch einschätzen, weil ihnen die innere Überzeugung fehlt, verschiedene Situationen, die sich ergeben können, erfolgreich für sich zu meistern.

Es gibt eine Reihe von Situationen, die bei Menschen mit sozialer Phobie Angstgefühle auslösen. Das sind unter anderem:

- Angst, kritisiert zu werden
- Angst, in der Öffentlichkeit sprechen zu müssen
- Angst, anderen Menschen zu nahe zu kommen
- Angst, bei einer Prüfung zu versagen
- Angst, mit dem jeweils anderen Geschlecht in Kontakt zu treten

Wenn ein Mensch mit einer sozialen Angststörung dennoch in eine der obigen Situationen kommt, treten Symptome wie Schweißausbruch, Übelkeit, Schwindelgefühl, Herzrhythmusstörungen, Erröten und sogar Harndrang auf. Dadurch wird die Phobie selbst nur noch verstärkt.

Der daraus resultierende Angstkreislauf führt schließlich dazu, dass derartige Situationen vermieden werden. Man nennt das auch Angst vor der Angst.

<u>- Akrophobie</u>
Die deutsche Bezeichnung für diese Phobie lautet „Höhenangst". Dabei empfindet der Betroffene eine intensive Angst vor Höhen. Das kann der Blick aus dem Fenster oder das Stehen auf einem hohen Balkon sein. Tatsächlich ist die Akrophobie die Übersteigerung einer natürlichen Vorsicht vor gefährlichen Höhen, stellt also ein übertriebenes Schutzempfinden dar.

Eine gesunde Vorsicht vor großen Höhen ist normal, bei einem akrophoben Menschen jedoch reicht ein Blick in die Tiefe bereits aus, um, trotz völliger Sicherheit, die emotionale Kontrolle über sich zu verlieren.

Aus diesem Grund können Betroffene nur sehr schwer Hochhäuser betreten oder über Brücken gehen. Die Akrophobie variiert allerdings in ihrer Ausgeprägtheit. So kann sie nur bloßes Unwohlsein und Unbehagen auslösen, aber auch zu einer körperlichen Paralyse führen.

- Aviophobie

Unter Aviophobie versteht man „Flugangst". Tatsächlich ist die Aviophobie sehr weit verbreitet, und ihre Ausprägung reicht von einem unguten Gefühl in der Magengegend, bis hin zu Panikattacken bei dem Gedanken ein Flugzeug betreten zu müssen. Zum Tragen kommt dabei die Angst des Kontrollverlustes und des Ausgeliefertseins an die Technik.

3. Depressive Störungen

Abhängig von der Ausprägung und Intensität depressiver Störungen wird unterschieden zwischen depressiven Reaktionen, depressiven Episoden und regelrechten Depressionen, die leicht oder schwer und oft auch in Kombination mit Angststörungen auftreten können.
Handelt es sich um eine depressive Reaktion, so dauert diese in der Regel nicht sehr lange an. Eine depressive Episode liegt dann vor, wenn typische Depressionssymptome erstmalig bei einem Menschen auftreten und über eine Zeit von 14 Tagen unvermindert anhalten. Von einer rezidivierenden Depression ist die Rede, wenn eine depressive Episode mehr als einmal auftritt.
Ferner gibt es dysthyme Störungen, was bedeutet, dass die Depressionssymptome nur geringfügig empfunden werden und zudem eine leichte Ausprägung aufweisen. Dennoch treten sie in kontinuierlicher Weise über eine Zeit von mindestens zwei Jahren auf.

Eine weitere depressive Störung ist die Anpassungsstörung, bei der, ausgehend von einem schicksalshaften Erlebnis oder Ereignis, das zu gravierenden Veränderungen im Leben führt,

Depressionssymptome auftreten. Es treten dabei weniger Symptome auf, die in ihrer Wirkung auch nicht sehr lange anhalten.
Die sogenannte Bipolare Störung ist ebenfalls eine depressive Störung. Dabei handelt es sich um eine sogenannte „Affektstörung“, die dadurch gekennzeichnet ist, dass der Betroffene unter schweren Schwankungen von Stimmungslage, Motivation und Aktivität leidet. Durch diese Schwankungen kommt es zu depressiven Symptomen, die allerdings auch mit euphorischen Phasen abwechseln.
Je nach Intensität und Art der depressiven Störung fallen die Symptome aus. Das vorherrschende Gefühl aber ist Traurigkeit, Niedergeschlagenheit, zu denen sich Ermüdung, Rastlosigkeit, Appetitlosigkeit, sowie Konzentrationsprobleme gesellen können. Auch eine starke Neigung zum Grübeln und die Entwicklung von Schuldgefühlen sind zu beobachten.

Ferner kann es zu körperlichen Folgen kommen. Psychosomatische Erkrankungen des Magen-Darm-Trakts treten häufig parallel auf. Schließlich kann das starke Gefühl der Sinnentleertheit des Lebens zu suizidalen Gedanken führen.

4. Zwangsstörungen
Unter einer Zwangsstörung versteht man eine Störung, bei der unerwünschte Gedanken immer wieder auftauchen und zu Obsessionen führen. Ferner generieren diese Gedanken Zwangshandlungen, durch die der Mensch mit einer solchen Störung immer wieder beschäftigt ist. Natürlich gilt es zu unterscheiden zwischen immer wiederkehrenden Handlungsabläufen und zwanghaften Handlungen, die der Betroffene durchführen muss.

Wer regelmäßig nachschaut, ob die Haustür abgeschlossen ist, leidet nicht an einer Zwangsstörung. Man spricht erst von einer solchen, wenn diese Handlungen ständig wiederholt werden müssen, auch wenn sie keinen kausalen Sinn ergeben.

Zwangshandlungen können so weit führen, dass sie das Leben eines Menschen drastisch einschränken, da es, wie auch im Fall anderer Störungen, zu Vermeidungsverhalten kommt. Zwanghafte Handlungen, die aus Zwangsgedanken hervorgehen, drängen sich dem Betroffenen so auf, dass er nicht davon ablassen kann.

Dabei werden Ängste und Unwohlsein verursacht, die die Zwangshandlungen häufig nur noch emotional verstärken, obwohl diese eigentlich dazu dienen sollen, die durch die Gedanken ausgelösten negativen Gefühle in ihrer Intensität zu reduzieren.

5. Borderline-Syndrom (BDS, BPS)

Der Begriff „Borderline“ stammt aus dem Grenzbereich zwischen psychotischen und neurotischen Störungen. Das Borderline-Syndrom, also die Borderline-Persönlichkeitsstörung, gilt als eine Störung, verursacht durch eine instabile Emotionalität, deren Ursachen in der Kindheit der betroffenen Person zu liegen scheinen.

Forschungen haben gezeigt, dass auch der genetische Faktor, sowie Traumata, die der Betroffene erlebt hat, mitverantwortlich sind für die Ausbildung der BPS.
Borderliner, wie Menschen mit dieser Störung genannt werden, sind psychisch schwer erkrankt, sodass das gesamte Leben davon in Mitleidenschaft gezogen wird. Borderliner sind extrem impulsiv in ihrem Verhalten. Durch ihre emotionale Instabilität und intensive innere Spannungen werden starke Stimmungsschwankungen verursacht, die besonders die Beziehungen zu anderen Menschen strapazieren.
Um die innere Spannung aufzulösen und sich davon zu befreien, neigen Borderliner zu Verhaltensweisen, mit denen sie sich selbst körperlichen Schaden zufügen. Das Schmerzempfinden wird dabei als Befreiung von innerer Zerrissenheit und dem gestörten Verhältnis zu sich selbst empfunden.

Trotz ihrer starken Ängste vor Einsamkeit und Alleinsein können sie keine stabilen Partnerschaften aufbauen, was den Kreislauf des BPS nur noch verstärkt. Die Gründe für die Borderline-Persönlichkeitsstörung ist häufig frühkindlicher sexueller oder emotionaler Missbrauch. Dadurch, dass die Gefühle der Betroffenen nicht weiter beachtet werden oder sie sogar noch mit Geringschätzung bestraft werden, haben junge Menschen nicht die Möglichkeit, die Regulierung ihrer Emotionen zu erlernen.

6. Burn-out

Für den Begriff des Burn-out gibt es weder eine allgemeingültige Definition, noch handelt es sich dabei um eine medizinische Diagnose. In der Regel wird der Begriff verwendet, wenn Menschen sich in einem Zustand extrem emotionaler oder körperlicher Erschöpfung befinden.

Wörtlich übersetzt, bedeutet das englische Wort Burn-out „ausgebrannt“, was verdeutlicht, dass die Betroffenen, aus Gründen des Überfordertseins, nicht mehr in der Lage sind, ihr Leben zu meistern.

Symptome, die im Allgemeinen mit einem Burn-out in Verbindung gebracht werden, sind:

- Depressionen
- Motivationsverlust
- Antriebslosigkeit
- Chronische Müdigkeit und Erschöpfung
- Gefühl der innere Leere
- Gefühl der Sinnlosigkeit des eigenen Lebens
- Verringerte Leistungsfähigkeit
- Nervosität
- Rückzug aus der Gesellschaft
- Mangelnde Begeisterungsfähigkeit
- Gleichgültigkeit
- Hoffnungslosigkeit
- Kopfschmerzen
- Rückenschmerzen

Die Entstehung eines Burnout-Syndroms kann sehr unterschiedlich verlaufen. Oftmals gibt es keine äußeren Gründe. Häufig erkranken Menschen an Burnout, die sich stark für andere einsetzen, wie z. B. jene, die in Pflegeberufen arbeiten und deren Aufgabe von Idealismus geprägt ist. Andererseits gibt es viele Fälle von Burn-out bei Menschen, die ihren Aufgaben im Berufsleben nicht gewachsen sind.

Nachstehend noch weitere Auslöser für eine Burnout-Erkrankung:

- Vorgaben, die nicht erfüllbar scheinen
- Erfolgskriterien, die unklar sind
- Hohe Verantwortung unter äußerem Druck
- Langweilige Arbeitsabläufe
- Fehlende Einflussmöglichkeiten auf Arbeitsprozesse
- Unterbrechungen der Arbeitsprozesse
- Negatives Firmenklima
- Auseinandersetzungen mit Vorgesetzten und Arbeitskollegen
- Angst, den Arbeitsplatz zu verlieren

12. Selbsttest: Wie hoch ist meine emotionale Intelligenz?

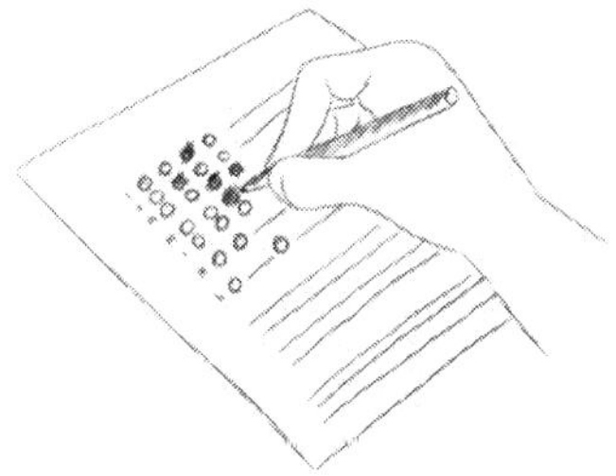

Es besteht für Sie die Möglichkeit, einen Selbsttest zu absolvieren, bei dem Sie herausfinden können, wie sehr Ihre emotionale Intelligenz ausgeprägt ist. Natürlich kann dieser Selbsttest kein endgültiges Urteil über Ihre emotionale Intelligenz liefern. Er kann Sie aber vielleicht darauf hinweisen, in welchen Bereichen Sie mehr oder weniger emotional intelligent sind.
Der Test, der für Sie eine erste Orientierung sein soll, besteht aus 25 Fragen, die Sie sich so ehrlich wie möglich selbst beantworten sollten. Hinter jeder Antwort steht eine Punktzahl. Je nachdem, welche Antwort Sie wählen, müssen die Punkte am Ende des Tests addiert werden.

Was die Gesamtpunktzahl dann in Hinblick auf Ihre EI bedeutet, wird im Anschluss kurz erläutert:

1. Ich verstehe, warum ich ein Gefühl habe.
Immer: 3 Punkte
In den meisten Fällen: 2 Punkte
Niemals: 1 Punkt

2. Ich kann geduldig sein.
Immer: 3 Punkte
In den meisten Fällen: 2 Punkte
Niemals: 1 Punkt

3. Ich sehe immer das Gute im Menschen.
Immer: 3 Punkte
In den meisten Fällen: 2 Punkte
Nie: 1 Punkt

4. Ich kann mich in andere Menschen hineinfühlen und versuche zu ergründen, was sie zum Handeln bewegt.
Immer: 3 Punkte
In den meisten Fällen: 2 Punkte
Niemals: 1 Punkt

5. Ich übe mich in Zuversicht.
Immer: 3 Punkte

In den meisten Fällen: 2 Punkte
Niemals: 1 Punkt

6. Ich bin in der Lage, meine Gefühle differenziert zu erklären.
Immer: 3 Punkte
In den meisten Fällen: 2 Punkte
Niemals: 1 Punkt

7. Ich kann mich gut gegen Stress behaupten.
Immer: 3 Punkte
In den meisten Fällen: 2 Punkte
Niemals: 1 Punkt

8. Ich fokussiere mich mehr auf meine Möglichkeiten als auf Hindernisse.
Immer: 3 Punkte
In den meisten Fällen: 2 Punkte
Niemals: 1 Punkt

9. Wenn ich unter Stress und Druck stehe, bleibe ich gelassen.
Immer: 3 Punkte
In den meisten Fällen: 2 Punkte
Niemals: 1 Punkt

10. Für mich ist es nachvollziehbar, wie Gedanken, Gefühle und Erfahrungen das Verhalten anderer Menschen beeinflussen können.
Immer: 3 Punkte
In den meisten Fällen: 2 Punkte
Niemals: 1 Punkt

11. Meine Sichtweise auf das Leben ist optimistisch.
Immer: 3 Punkte
In den meisten Fällen: 2 Punkte
Niemals: 1 Punkt

12. Ich bin der Lage, meine emotionalen Impulse zu kontrollieren.
Immer: 3 Punkte
In den meisten Fällen: 2 Punkte
Niemals: 1 Punkt

13. Da ich an anderen Menschen Interesse habe, kann ich ihnen gut zuhören.
Immer: 3 Punkte
In den meisten Fällen: 2 Punkte
Niemals: 1 Punkt

14. Ich bin in der Lage, gut mit den Emotionen anderer Menschen umzugehen.
Immer: 3 Punkte
In den meisten Fällen: 2 Punkte
Niemals: 1 Punkt

15. Auch wenn sich Veränderungen im Leben ergeben, bin ich weiterhin optimistisch.
Immer: 3 Punkte
In den meisten Fällen: 2 Punkte
Niemals: 1 Punkt

16. Ich bin in der Lage, Angst, Wut, Trauer und Freude gut zu kontrollieren und kann diese so einsetzen, dass andere Menschen davon einen Vorteil haben.
Immer: 3 Punkte
In den meisten Fällen: 2 Punkte
Niemals: 1 Punkt

17. Ich bin der Lage, gut auf unterschiedliche und auch widersprüchliche Herausforderungen zu reagieren.
Immer: 3 Punkte
In den meisten Fällen: 2 Punkte
Niemals: 1 Punkt

18. Ich bin der Lage, die Standpunkte anderer Menschen problemlos zu verstehen, auch wenn ich selbst anderer Ansicht bin.
Immer: 3 Punkte
In den meisten Fällen: 2 Punkte
Niemals: 1 Punkt

19. Ich bin in der Lage, auf flexible Weise auf Veränderungen zu reagieren, die sich unerwartet ergeben.
Immer: 3 Punkte
In den meisten Fällen: 2 Punkte
Niemals: 1 Punkt

20. Ich empfinde es als wichtig, die Beweggründe der anderen Menschen zu ergründen.
Immer: 3 Punkte
In den meisten Fällen: 2 Punkte
Niemals: 1 Punkt

21. Ich bin der Lage, meine Pläne und Ziele ohne Mühe etwaigen Veränderungen im Leben anzupassen.
Immer: 3 Punkte
In den meisten Fällen: 2 Punkte
Niemals: 1 Punkt

22. Ich bin in der Lage, meine Emotionen, in dem Augenblick, da sie auftauchen, zu beschreiben.
Immer: 3 Punkte
In den meisten Fällen: 2 Punkte
Niemals: 1 Punkt

23. Ich bin in der Lage, mich auch in unsicheren oder sich verändernden Situationen ohne Mühe anzupassen.
Immer: 3 Punkte
In den meisten Fällen: 2 Punkte
Niemals: 1 Punkt

24. Ich kann nachvollziehen, wie sich Stress auf mein Verhalten und meine Stimmung auswirken kann.
Immer: 3 Punkte
In den meisten Fällen: 2 Punkte
Niemals: 1 Punkt

25. Ich habe die Fähigkeit, Prioritäten im Leben schnell zu ändern.
Immer: 3 Punkte
In den meisten Fällen: 2 Punkte
Niemals: 1 Punkt

Die Auswertung der Gesamtpunktzahl ergibt sich wie folgt:

25 – 39 Punkte:
Ihnen sind die Gefühle anderer Menschen in der Regel nicht zugänglich. Zwar können Sie erkennen, wenn ein Mensch wütend oder traurig ist, jedoch fehlt Ihnen das Feingefühl für emotionale Nuancen im Verhalten. Wenn sich jemand Ihnen gegenüber auf eine bestimmte Weise verhält, können Sie sich die Gründe nicht erklären. Sie haben erheblichen Handlungsbedarf, was den Unterschied zwischen Ihrem eigenen Selbstbild und der Wahrnehmung anderer Menschen betrifft. Es ist anfangs für Sie sehr wichtig, anderen genauer zuzuhören. Achten Sie dabei auch auf Mimik und Gestik! Sie sollten es sich zur Angewohnheit machen, immer dann nachzufragen, wenn Ihnen die Reaktionen anderer Menschen unverständlich vorkommen. Sie können auch andere um Hilfe bitten.

40-59 Punkte
Eigentlich sind Sie sich über die eigenen Gefühle gut im Klaren. Sie sind auch in der Lage, die Gefühle anderer Menschen zu verstehen und sich in diese hineinzuversetzen. Jedoch kommt es vor, dass Sie in Stresssituationen ungehalten reagieren, was dazu führen kann, dass andere Menschen Ihre Gereiztheit ausbaden

müssen. Doch Sie sind dennoch in der Regel um Harmonie bemüht. Sie sind allerdings nicht immer optimistisch und würden sich als Realisten bezeichnen. Ihr Pessimismus führt dazu, dass Sie ab und zu gereizt reagieren, wenn sich Dinge wider Erwarten ändern. Doch Sie haben die Fähigkeit, sich mit der neuen Situation zu arrangieren, obwohl Sie diese nicht optimal finden. Sie sollten Ihre emotionale Intelligenz weiter verbessern und auch bereit sein, Ihre Schwächen vollständig zu akzeptieren.

<u>60-75 Punkte</u>
Sie sind emotional sehr intelligent. Sie haben kein Problem damit, anderen Menschen zuzuhören. Im Gegenteil, Sie mögen es sehr, sich in andere hineinzuversetzen, weil Sie immer Interesse an Ihrem Gegenüber haben. Da Sie offen sind, wirken Sie auch auf andere offen. Sie können Ihre Emotionen in stressigen Situationen kontrollieren und können sich auch abrupten Veränderungen im Leben gut anpassen. Sie lassen nie andere Menschen Ihre negativen Emotionen ausbaden und versuchen immer, alle Probleme sachlich anzugehen. Ihre positive Lebenseinstellung und Ihr Optimismus lassen Sie auch eine positive Haltung gegenüber Hindernissen einnehmen. Sie denken immer lösungsorientiert.

Teil II - Das Selbst

Der Begriff „Selbst“ ist ein sehr vielschichtiger Begriff, weil er, abgesehen von seiner Verwendung und Bedeutung in der Psychologie, auch in Philosophie und Religion bekannt ist. So wird er manchmal sogar widersprüchlich benutzt.

Grundsätzlich bezeichnet das Selbst aber die Wahrnehmung eines Menschen von sich „selbst“, als ein selbstständig denkendes und agierendes Individuum. Manchmal wird auch vom Selbst als das „wahre Ich“ bzw. Kern-Selbst gesprochen, das die Funktion eines „inneren Beobachters“ einnimmt. Diese Definition des Selbst lehnt sich stark an das Konzept der „inneren Stimme“ an, mit der man z. B. in Meditationen Kontakt aufnehmen kann.
Aber auch die Vorstellung des freien Willens ist eng mit dem Selbst verknüpft. Er ist es, der dem Handeln eines Menschen einen inneren Status von Souveränität verleiht, um äußere Situationen zu meistern. Das Selbst im Menschen ist eine autonome Instanz, die ihn nicht nur gegenüber seinen biologischen Trieben, sondern auch gegenüber gesellschaftlichen Konditionierungen in eine souveräne Position erhebt.
In der Psychologie wird weiter unter dem materiellen Selbst, dem körperlichen Selbst also, und dem geistigen Selbst unterschieden. Das materielle Selbst bildet die Gesamtheit des individuellen, erlebbaren, spürbaren und nach außen handelnden Körpers, während das geistige Selbst die Psyche darstellt.
Es umfasst alles, was die Persönlichkeit ausmacht, d.h. Gefühle, Erfahrungen, Wertvorstellungen, Ansichten, etc. Das körperliche und das geistige Selbst sind miteinander verbunden, neuronal und feinstofflich. Sie stehen beide in enger Wechselwirkung - das eine hat Einfluss auf das andere.
Dabei spielen auch Beziehungen zu anderen Menschen eine große Rolle. Aus diesem Grund variiert die Selbstwahrnehmung von Mensch zu Mensch.

1. Selbstliebe

Abhängig von der Selbstwahrnehmung eines Menschen ist die sogenannte Selbstliebe. Das bedeutet nicht, dass sich das Selbst „selbst" liebt, sondern dass der Mensch ein harmonisches Verhältnis aufbauen konnte zwischen seinem Ich, als nach außen agierende Instanz und dem Selbst, als autonomer freier Wille im Innern.

Selbstliebe kann in negativen Egoismus umschlagen, weshalb eine gesunde Selbstliebe, die der Empathie Platz zum Atmen lässt, immer auch bis zu einem bestimmten Grad altruistisch sein.
In einem solche Fall trifft dann folgender Ausspruch zu: „Wenn man sich selbst nicht liebt, kann man auch keinen anderen Menschen lieben."
Man kann es auch anders ausdrücken: Ein Mensch, der voller Selbstliebe ist, teilt diese Liebe mit anderen Menschen. Er muss es sogar, denn die Identität, die diese Selbstliebe schafft, ist altruistisch veranlagt.

Weitere Vorteile von gesunder Selbstliebe sind:

- Innere Glücksgefühle
- Innere Entspannung
- Aufbau von Stressresilienz, wobei die Selbstliebe als Schutzschild fungiert
- Altruistische Einstellung, wodurch man sich im Leben weniger von anderen angegriffen fühlt
- Liebevoller Umgang mit Mitmenschen und der Umwelt im Allgemeinen
- Entspannte Beziehungen
- Emotionale Unabhängigkeit
- Erfolg im Leben

Es ist möglich drei Regeln der Selbstliebe aufzustellen, die das verdeutlichen:

Machen Sie sich selbst zur Priorität im Leben: Das bedeutet, dass Sie nicht mehr immer das tun, was die Gesellschaft oder andere Menschen von Ihnen erwarten. Ihre Interessen stehen im Mittelpunkt. Dennoch gilt es abzuwägen. Sich selbst als Priorität zu setzen, darf nicht bedeuten andere Menschen zu verletzen oder rücksichtslos mit ihnen umzugehen. Aus diesem Grund erfordert Selbstliebe Achtsamkeit und Selbstbeobachtung, um nicht in eine negatives Extrem zu verfallen. Diese Regel bedeutet aber auch, zu erkennen, dass man nicht jemand sein kann, der man nicht ist. Oder anders herum ausgedrückt: Sie können nicht etwas geben, was Sie nicht besitzen. Diese Einsicht soll Sie z. B. vor Selbstgefälligkeit und Überheblichkeit bewahren. Lassen Sie sich aber dennoch nichteinreden, dass Selbstliebe mit Egoismus gleichzusetzen wäre! Lassen Sie sich nicht von Ihrem Ego täuschen und hören Sie immer auf Ihre innere Stimme, die der Selbstliebe näher steht!

Helfen Sie immer dann, wenn Sie selbst es wollen: Das bedeutet, dass man nichts tun sollte, nur weil es andere Menschen verlangen. Das betrifft natürlich nicht nur das Berufsleben, was zeigt, dass Sie unterscheiden müssen zwischen den Situationen. Seien Sie darum achtsam im Umgang mit sich selbst! Nur wenn es einem selbst gut geht, kann man anderen auch nachhaltig helfen. Ein Heiler, der selbst krank ist, wird andere nicht gesund machen können. Zu helfen ist eine Tugend, doch sie ist nicht mit einem Helfersyndrom gleichzusetzen, von dem viele Menschen leider ein trügerisches Selbstwertgefühl ableiten. Haben Sie die inneren Ressourcen, können Sie auch in der äußeren Welt Positives leisten. Wichtig ist, dass Sie sich mehrmals täglich auf sich selbst konzentrieren, in sich gehen und diese Selbstliebe auch spüren können. Dann können Sie auch nach außen diese positive Energie weiterleiten und weitergeben.

Stärken Sie sich innerlich: Das kann man mit positiven Affirmationen oder aber mit täglichen Meditationen. Es geht darum, sich innerlich aufzubauen. Wenn Sie sich einreden, dass es Ihnen schlecht geht, werden Sie auch Ihre Selbstliebe nicht aktivieren können. Bauen Sie sich also mit starken Sätzen auf! So können Sie sich, z. B. morgens vor dem Spiegel sagen: „Ich liebe mich selbst, weil ich ...“

Selbstliebe ist die Liebe, die der Mensch sich selbst gegenüber empfindet. Das Maß an Selbstliebe, das man im Erwachsenenalter hat, ist sehr stark von dem abhängig, was in der Kindheit oder der Jugend entwickelt werden konnte. Oft spielen soziale Komponenten eine Rolle, dass Menschen keine Selbstliebe aufbauen können.
Ein Mensch, dessen Erfolge im Leben ständig kleingeredet werden oder der verachtet wird, hat Schwierigkeiten damit, sich selbst zu akzeptieren. Wichtig ist es darum, zu erkennen, dass man sich nicht nur lieben kann, wenn man stark und schön ist, sondern auch dann, wenn man es nicht ist.
Stärken und Schwächen gehören zu jedem Menschen. Es kommt darauf an, sich so zu akzeptieren, wie man ist. Sich ohne Einschränkungen zu lieben, ist Selbstliebe. Aber auch sich selbst vergeben zu können, ist Selbstliebe. Kann man das bei sich selbst, gelingt es auch im Umgang mit anderen Menschen.

2. Eigene Emotionen und Gefühle verstehen und kontrollieren

Jeder Mensch hat Emotionen und Gefühle. Sie sind existent und man empfindet sie negativ oder positiv. Insofern ist die Frage nach dem Verstehen der eigenen Emotionen eigentlich überflüssig. Alle Dinge, mit denen man eine enge Beziehung pflegt, sollte man auch verstehen lernen.

Darum ist vielleicht die oberste Regel, die für viele auch gleichzeitig die schwerste ist, Gefühle zuzulassen. Das steigert das Wohlbefinden und ist letztlich für unseren Körper auch gesund. Stehen Sie im Einklang mit sich selbst, scheinen die Dinge des Lebens wie von selbst zu laufen. Sie werden diese Erfahrung sicherlich gemacht haben.

Sind Sie voller positiver Energie und entspannt, kommen die Erfolge zu Ihnen. Das hat mit dem Verstehen des eigenen Wesens und der eigenen Energie zu tun.

Gefühle zuzulassen, ist also eine wichtige Voraussetzung, um auch emotionale Kompetenz zu erlangen und seinen EQ zu steigern. Doch es gibt auch Gefühle, die sehr mächtig sind und Sie zu überrumpeln versuchen. Dagegen helfen Methoden, bei denen der Intellekt agieren muss.

Sich in emotional aufgeheizten Situationen zurückzunehmen, tief Luft zu holen, eine Gedankenpause einzulegen, wirkt oft Wunder. Das ist notwendig, um zu verhindern, dass die Gefühle die Herrschaft über Ihr Leben antreten. In einer Flut von Gefühlen zu versinken, ist keine Lösung.

Sie kennen die Situationen, wenn man in Selbstmitleid versinkt, weil man einen Fehler gemacht hat. Sich diesem Mitleid auszuliefern, führt nur weiter in die Flut hinein. Um aus der Spirale herauszukommen, helfen Meditationen, bei denen Sie lernen, Ihre Gedanken nur zu beobachten und ihnen nicht zu folgen.

Sie verschwinden dann wie von selbst und Sie bemerken, welche Nichtigkeit sie hatten.
Eine Gefühlsunterwerfung kann verhindert werden, wenn Sie sich selbst resilient machen.

Ein Gefühlsmanagement ist wichtig. Besonders im Berufsleben. Ein sehr gutes Beispiel sind Ärzte, die aufgrund der Konfrontation mit traurigen Schicksalen,

trotzdem ihre Arbeit verrichten müssen. Würden sie sich ihren Gefühlen hingeben, von jedem Schicksal emotional mitgerissen werden, sie würden arbeitslos werden.
Auf der anderen Seite muss die Balance der Emotionen gewahrt bleiben. Das bedeutet auch z. B., dass eine Person mit einer führenden Position in einem Unternehmen andere Mitarbeiter nicht drangsalieren sollte, weil er von seinen Gefühlen fortgerissen wird und diese nicht kontrollieren kann. Kommen Sie in eine solche Lage, ist es besser, Ihre Emotionen zu unterdrücken.
All das macht deutlich, dass das Verstehen von Emotionen und Gefühlen eine Frage der bewussten, achtsamen Lebensführung ist. Auch Lebenserfahrung ist vonnöten, um Gefühle steuern zu können. Zu verstehen gilt es auch den Umstand, dass Gefühle nicht einfach verschwinden, wenn man sie unterdrückt.

Wenn man eine Person nicht mag, ist es möglich, sich mit dieser zu unterhalten, wie z. B. im Berufsleben. Die negativen Gefühle werden aber bleiben.

Wenn Sie von negativen Gefühlen belastet werden, ist es wichtig, diese zu lösen. Ansonsten kann es vorkommen, dass die Stimmung, die Sie am Tag haben, davon betroffen ist. Sie lachen und lächeln weniger, neigen zum Grübeln oder sind traurig. Oder aber sie reagieren aggressiv, wo Sie es sonst nicht tun würden.

Der Grund ist eine innere Angespanntheit, die man lösen kann, indem man meditiert.

Unterdrückte Gefühle bauen Blockaden auf, die energetische Folgen für das gesamte Körpergefühl haben. Sie fühlen sich verspannt oder sogar kränklich. Lassen Sie solche Gefühle aus sich heraus, am besten durch eine Meditation, noch bevor Sie das Haus verlassen oder am Abend nach einem stressigen Tag! Lösen Sie solche Gefühlsknoten sofort!

Warten Sie nicht lange, denn sie akkumulieren ihre negative Energie im Laufe der Zeit.
Eine weitere Möglichkeit besteht darin, sich mit anderen Menschen über seine Emotionen zu unterhalten. Sprechen Sie sie offen aus! Gefühle zu teilen, hat einen heilenden, befreienden Effekt.
Geht es um Emotionen, wie Wut, Angst, Trauer oder Ekel, ist es wichtig, sich auf diese zu fokussieren. Erkunden Sie ihre Ängste, versuchen Sie herauszufinden, warum Sie traurig sind oder einen Ekel verspüren!

Lassen Sie diese Emotionen nicht unreflektiert!
Die Selbstreflexion ist einer der Hauptaufgaben bei einem effektiven Gefühlsmanagement. Dabei sind Sie ehrlich zu sich selbst und machen sich Ihre Gefühle bewusst. Dadurch vermeiden sie z.B. Affekthandlungen, die aus der Wut heraus entstehen. Verspüren Sie in sich ein Gefühlschaos, das Sie nicht unter Kontrolle bekommen können, versuchen Sie die verschiedenen Gefühlsfelder zu selektieren!

Die gemischten Gefühle klären sich dann auf und Sie können sie besser in Worte fassen. Tun Sie das! Schreiben Sie sich die verschiedenen Gefühle auf und versuchen Sie, Muster zu erkennen!
So erlangen Sie mehr bewusste Kontrolle darüber. Führen Sie ein Gefühlstagebuch, in das Sie immer gucken können, wenn Sie gleiche oder ähnliche Gefühlslagen verspüren!
Emotionen zu erkennen, ist die eine Aufgabe, Emotionen zu kontrollieren die andere. Man nennt das Emotionsregulation. Was ist darunter zu verstehen?
Der Begriff Emotionsregulation bezieht sich auf alle Vorgänge, die Sie nutzen können, um die Art, Intensität und Dauer einer Emotion zu beeinflussen. Wer seine Emotionen nicht reguliert, läuft Gefahr, psychische Störungen zu erleiden. Die Emotionsregulation ist Ihnen dabei behilflich, den Alltag besser zu meistern.

Folgende Vorteile bringt sie Ihnen:

- Sie bleiben in hektischen und stressigen Situationen ruhiger und gelassener.
- Ihre Beziehungen zu anderen Menschen werden besser, da Sie selbstbeherrschter auftreten.
- Sie können Ihre Ziele leichter erreichen, weil Sie mögliche ungewollte emotionale Reaktionen kontrollieren können.
- Sie reagieren und handeln mit mehr Mut und Selbstbewusstsein, weil Sie keine Angst vor Ihren Ängsten haben.
- Sie lassen sich nicht mehr länger von Ihren eigenen negativen Gedanken hin und her schubsen.
- Sie können negative Erfahrungen leichter loslassen.
- Sie können mehr Glück empfinden und andere glücklich machen.

Die Kontrolle über die Emotionen können Sie mit Hilfe von vier Schritten durchführen:

- Verändern Sie Ihren Fokus: Nehmen Sie eine andere Perspektive auf Ihre Situation ein! Negative Emotionen entstehen häufig durch eine stereotype Bewertung von Dingen. Diese Bewertung hat dann Einfluss auf Ihre Gefühlslage. Wollen Sie z. B. ein Auto kaufen und fühlen sich von den teuren Luxuskarossen, die Sie im Straßenverkehr sehen, buchstäblich demotiviert, weil Sie zu teuer für Ihr Portemonnaie sind, wechseln Sie ihre Perspektive! Denken Sie daran, wie viele Menschen es gibt, die sich diese Autos auch nicht leisten können und Kleinwagen fahren, die sie genauso zu ihrem Ziel bringen. Es geht zwar nicht so schnell, aber es geht auch. Denken Sie in diesem Fall minimalistisch und ziehen Sie aus dieser Einsicht Kraft und Energie! Dann werden Ihre negativen Gefühle vergehen, Ihre Motivation wird zurückkommen.

- Denken Sie rational: Gefühle verstehen, bedeutet auch, daran zu denken, dass nicht nur Gedanken Gefühle beeinflussen, sondern dass dies auch umgekehrt geschieht. Ihre Gefühle haben einen großen Einfluss auf die Wahrnehmung der äußeren Dinge, denn Sie geben ein emotionales Grundverständnis vor, das die Gedanken formt. Sind Sie z. B. verstimmt und werden von einer fremden Person angesprochen, ist die Wahrscheinlichkeit sehr hoch, dass Sie aggressiv reagieren. Sie handeln vorurteilsvoll, weil Sie durch Ihre Gefühle dahingehend beeinflusst werden. Sie trüben gewissermaßen die Sicht, die Sie auf die Dinge haben, ein. Es besteht die Gefahr, dass Sie sich auf ein Gedankenkarussell begeben, durch das die Situation noch verschlimmert wird. Fällt die Reaktion der Person, auf die Sie aggressiv reagiert haben, ebenfalls aggressiv aus, würde sich alles nur weiter steigern, es würde ein Streit entstehen, etc. Dieses emotionale Denken ist immer momentan, es plant nicht voraus. Es ist impulsiv und affektiv. In einer solchen Situation müssen Sie „Stopp" sagen. Atmen Sie tief durch, gehen Sie in sich, lassen Sie die momentanen Gedanken wegziehen und versuchen Sie alles objektiv zu sehen! Zwar wird sich Ihre schlechte Laune nicht sofort lösen, doch Sie meistern die Situation.

- Akzeptieren Sie die Emotion voll und ganz: Gefühle, die aufkommen, müssen in ihrer Gänze angenommen werden. Es ist zudem nicht möglich, sie zu zerteilen. Das würde den Kampf gegen die Emotionen nur ausbreiten. Sie müssen sich sagen, dass Sie das Gefühl akzeptieren, weil es ein Gefühl ist, das aus Ihnen selbst kommt. Verbieten und unterdrücken Sie es, würden Sie einen Teil von sich selbst verbieten und unterdrücken. Sagen Sie sich, dass kein Gefühl für immer existiert! Das gilt für die negativen, aber auch für die positiven.

- Geben Sie Ihren Gefühlen einen Namen: Alles, was anonym ist, ist schwer zu fassen, zu verstehen. Hat es einen Namen, ist es benannt, wird es greifbar. Ein negatives Gefühl zu benennen, hilft Ihnen dabei, es in einer entsprechenden Situation, in der es auftaucht, zu ergreifen und zu lösen. Welche Gefühle sind es, die Sie fühlen? Ist es Wut, ist es Angst oder ist es Schmerz? Wenn Sie sich im Klaren darüber sind, was es ist, haben Sie sich, durch die intellektuelle Tätigkeit des Benennens, bereits ein wenig davon entfernt. Sie nehmen eine distanzierte Haltung an und werden sich bewusst darüber, dass Sie nicht das Gefühl sind. Das bedeutet, Sie sagen sich dialektisch: „Ich fühle mich gerade schlecht, was aber nicht bedeutet, dass ich mich nicht auch gut fühlen kann."

- Agieren Sie: Auch hier ist ein Perspektivwechsel gefordert. Wenn Sie sich niedergeschlagen fühlen, werden Sie z. B. Musik hören, die dieser Stimmungslage entspricht. Sie schaffen damit eine Resonanz. Doch Resonanzen können sich auch ändern. Machen Sie nie etwas, was dazu dient, Ihre negativen Emotionen zu verstärken! Wenn Sie wütend sind, hören Sie dann z. B. laute Heavy-Metal-Musik, um ihre Wut weiter zu steigern. Oder Sie isolieren sich, wenn Sie traurig sind, schließen sich ein, verlassen nicht das Haus oder sprechen nicht mit Freunden. Vielleicht beginnen Sie sogar, Drogen zu konsumieren. Damit begeben Sie sich in ein Gedankenkarussell, in dem immer nur bestätigende Gedanken auftauchen. Denn das Karussell will sich ja weiterdrehen. Das ist seine Existenz. Unterbrechen Sie das, indem Sie in Aktion kommen! Traurigkeit kann unterbunden werden, indem man sich körperlich bewegt. Bewegung mobilisiert Energien. Wenn Sie lachen, wird sich Ihre Stimmung aufhellen. Wenn Sie tief durchatmen, sich auf Ihren Atem konzentrieren, werden Sie sich entspannen können. Neue Energien werden freigesetzt und die negativen Gedanken machen positiven Gedanken den Weg frei. Negative Stimmungen können auch behoben werden, wenn Sie etwas Kreatives tun. Wenn Sie aufbrausend, aufgeregt, nervös sind, schauen Sie sich einen Film an, der Ihre Nerven beruhigt und die Gedanken entspannter werden lässt!

3. Lösen negativer Emotionen

Wenn Sie hartnäckige negative Emotionen lösen wollen, ist es allerdings nicht ausreichend, sie nur zu benennen. In einem solchen Falle müssen Sie genau beschrieben werden. Sie müssen sich im Klaren darüber sein, was Sie fühlen. Doch das sollte nicht zu kompliziert werden, damit man nicht die Übersicht verliert. Auch muss es keine genaue Analyse des Gefühls sein. Die Fakten zu beschreiben, reicht aus.

Diese Fragen sollten Sie stellen:

- Was fühle ich?
  Wo fühle ich es in meinem Körper?
  Wie fühlt es sich genau an?

Wenn Sie sich diese Fragen stellen, ist es wichtig genau in sich hinein zu fühlen. Wenn die Gefühle mit Schmerzen verbunden sind, sollten Sie die Stellen genau ausfindig machen. In Bezug auf die Feinstofflichkeit Ihres Körpers ist das Lokalisieren eines Schmerzes ausschlaggebend für die Emotionsregulation.

Gefühle können Blockaden schaffen, die energetisch auf Organe wirken und Schmerzen verursachen. Diese können, z. B. mit Meditationen, gelöst werden. Die genaue Beschreibung der Emotion dient Ihnen dazu, ihr Wachstum zu unterbinden. So wird die Emotion nicht stärker. Da Gedanken immer mit Emotionen verbunden sind, gilt es auch diese zu überprüfen und in sich zu gehen.
Oft wecken Erinnerungen Gedanken in Ihnen, durch die Sie dann überlistet werden können. Sie können z. B. eine depressive Stimmung bekommen. Oder aber sie werden traurig oder wütend. Beobachten Sie also Ihre Gedanken mit Ihrem Intellekt und entziehen Sie den negativen Gefühlen ihre destruktive Energie, indem Sie sie beschreiben und eingrenzen!
Haben Sie die Emotion beschrieben, benennen Sie sie! Dadurch gelingt es Ihnen, sie einzuordnen. Doch die Bezeichnung sollte immer eindeutig sein, ohne Umschreibungen oder metaphorische Bezüge. Wenn Sie gestresst sind, nennen Sie es Stress! Wenn es Beziehungsangst ist, nennen Sie es auch so! Der Abstand, den Sie von der Emotion bekommen, bewirkt einen Perspektivwechsel. Sie haben nicht Angst, Sie fühlen sich nur ängstlich. Das ist ein großer Unterschied.
Das bedeutet, dass Sie zwar Angst verspüren, Sie sich aber nicht mit der Angst identifizieren und Ihr Verhalten danach ausrichten. Sie „notieren“ sich nur, dass Sie dieses Gefühl haben.

Der nächste Schritt ist vielleicht ein wenig schwieriger, denn es geht darum, den Hauptgedanken zu finden, der hinter der Emotion steckt. Dafür müssen Sie sich darüber bewusst werden, was der Auslöser der Emotion war. Vielleicht haben Sie sich über einen Arbeitskollegen geärgert und die negative Emotion unterdrückt, bis sie dann durch einen anderen Auslöser wieder aktiviert wurde.

Was haben Sie also gedacht, als dieses oder jenes geschah? Es kann nur ein Sekundenbruchteil gewesen sein. Das reicht für einen Gedanken aus, um sich in das

Bewusstsein zu drängen. Sie müssen nun Ihrem Unterbewusstsein gewissermaßen den Befehl geben, den Gedanken ausfindig zu machen, sich an ihn zu erinnern.
Sagen Sie z. B. die Worte: „Wenn ich wüsste, was ich damals gedacht habe, wie würde die Emotion dann sein?“
Geben Sie dann dem Unterbewusstsein ein wenig Zeit. Dafür müssen Sie sich beruhigen, sich entspannen, vielleicht auch kurzzeitig einer ablenkenden Tätigkeit nachgehen.
Angestrengtes Nachdenken bringt meistens keine Ergebnisse. Wenn Sie nicht an die Antwort denken, wird sie sich bei Ihnen „melden“.
Dann schreiben Sie alle Gedanken auf, die Ihnen einfallen. Auf diese Weise entfernen Sie sie aus Ihrem Kopf. Wenn sie notiert sind, können Sie sich wie ein Beobachter betrachten. Lesen Sie sie immer wieder durch und spüren Sie in sich hinein, welche Reaktionen diese Sätze oder Worte in Ihnen auslösen!
Dadurch entsteht ein gewisses Ranking. Es wird Gedanken geben, die sie völlig kalt lassen, als hätten Sie sie nie gedacht. Dann aber wird es vielleicht auch den einen oder anderen Satz geben, der eine besondere Energie in sich trägt.
Wenn Sie den Gedanken gefunden haben, der der ursprüngliche Auslöser der negativen Emotion gewesen ist, sprechen Sie ihn laut und deutlich aus!
Wenn Sie nun wissen, welcher Satz bzw. Gedanke die negative Emotion verursachte, geht es im nächsten Schritt darum, diesen zu verändern. Das bedeutet, Sie müssen ihn so modifizieren, dass Sie der Gedanke nicht weiter belastet. Verändern Sie den Gedanken positiv, verändert sich auch das anfängliche Gefühl.

Wichtig ist, darauf zu achten, dass der neue Gedanke, der ja auch ein neues Gefühl generiert, stimmen muss. Er muss ehrlich sein und muss Ihrer inneren Stimme entsprechen. Nur so bleibt er harmonisch.

4. Wie mit der Wut im Bauch umgehen?

Das Thema „Wut“ ist bereits des Öfteren angesprochen worden. Wut ist eine Grundemotion, die allen Menschen zu eigen ist, unabhängig von Kultur oder gesellschaftlichem Status. Entscheidend ist vielmehr, wie man mit ihr umgeht. Grundsätzlich sollte man auch Wut nicht unterdrücken, denn die Folgen sind die gleichen wie im Falle anderer starker Emotionen.

Wenn Wut oder Ärger in Ihnen hochkommen, können Sie die negativen Energien durch körperliche Betätigung aus Körper und Geist lassen. Oder Sie nehmen sich einen Punching-Ball und reagieren Ihre Wut an diesem ab. Andere Menschen gehen in den Wald, um sich auszuschreien. Das wirkt befreiend.

Aufpassen sollten Sie nur immer dann, wenn Sie in Wut geraten und zu Handlungen gedrängt werden, die Sie später bereuen könnten. Man spricht ein falsches Wort zu einem Freund, das als Beleidigung aufgefasst wird oder posaunt am Arbeitsplatz seine Meinung heraus.

Das sind unbedachte Reaktionen, die man vermeiden sollte. Schon viele Beziehungen sind in Situationen, die mit Wut aufgeladen waren, zu Bruch gegangen.

Nachstehend einige Tipps, wie Sie mit Wut und Ärger umgehen können:

- Gestehen Sie sich die Wut ein: Auch hier bringt es nichts, Wut zu unterdrücken. Sie sammelt sich nur an und sucht sich ein anderes Ventil, zu einem Zeitpunkt, wenn Sie nicht daran denken. Dann ist die Wut nur noch schwerer zu kontrollieren. Es hat aber auch wenig Sinn, den Ärger unreflektiert herunterzuschlucken und sich betont „entspannt“ zu geben. Ja und Amen zu allem zu sagen, ist ebenfalls keine Lösung. Wenn Sie sich die Wut und den Ärger eingestehen, können Sie ihn benennen und besser mit ihm umgehen. Nur darum geht es. Dass der

Grund für die Wut berechtigt sein kann, hat damit nichts zu tun. Es geht nur darum, unberechenbare Reaktionen zu verhindern.

- Gehen Sie an die frische Luft: Oftmals fühlt man sich bedrängt oder eingeengt, was auch durch Räumlichkeiten geschehen kann. Wenn Sie sich irgendwo nicht wohl fühlen, steigen die Chancen, dass sie wütend werden. Aber auch sonst ist es immer empfehlenswert, frische Luft zu schnappen. Draußen können Sie tief durchatmen und Ihre Gedanken besser ordnen. Frische Luft reinigt den Kopf von negativen Gedanken. Am besten ist es, wenn man sich dazu noch körperlich betätigt.

- Schreiben Sie Ihre Wut auf: Es ist ratsam, sich den Auslöser der Wut aufzuschreiben. Dazu können Sie sich z. B. alles das aufschreiben, was Sie einer anderen Person sagen wollen, gegen die Ihre Wut gerichtet ist. Das verhindert, dass Sie Dinge sagen, die Sie später vielleicht bereuen oder die diese Situation für Sie nur verschlechtern. Der Prozess des Schreibens führt zu einer gedanklichen Klarheit.

- Perspektivwechsel: Es ist ebenfalls ratsam, zu versuchen, die andere Seite einzunehmen. Spielen Sie den Advocatus Diaboli, indem Sie sich in der Lage des Gegenübers hineinfühlen! Das bringt Sie vielleicht dazu, Ihre eigene Wut anders zu bewerten und zu relativieren.

- Eine Nacht darüber schlafen: Es ist immer wichtig, Wut-Reaktionen nicht unbedacht auszuleben, sondern das eigene Gemüt „abzukühlen“. Das gelingt Ihnen am besten nachts. Vermeiden Sie, was zu einer direkten Konfrontation führt, bevor Sie nicht alles durchdacht haben! Affekthandlungen fallen oft auch gewalttätig aus. Man ist nicht mehr Herr seiner selbst. In vielen Fällen sieht die Welt am nächsten Tag ganz anders aus.

- Größe beweisen: Sie können mentale Größe beweisen, indem Sie Ihr Gegenüber, dem Ihre Wut gilt, so behandeln, dass diese Person ihr eigenes Gesicht wahren kann. Vermeiden Sie Ausdrücke, die vulgär sind und unter die „Gürtellinie“ zielen! Das trägt nur zu einer Eskalation bei, die Sie nicht wünschen. Außerdem sollte man einen Streit nur dort führen, wo keine unbeteiligten Personen involviert werden, wie z. B. am Telefon.

5. Selbstwahrnehmung

Auch Selbstwahrnehmung ist bereits mehrfach angesprochen worden. Sie dient dazu, die eigene emotionale Kompetenz zu erhöhen. Darüber hinaus ist Selbstwahrnehmung ein eminenter Baustein für geistige Gesundheit.
Wer sich selbst wahrnimmt, übt sich in Achtsamkeit. Ein solcher Mensch achtet auf sich, d.h. auf seinen Körper, seine Emotionen, seine Gefühle, seine Reaktionen und seine Gedanken. Wenn Sie sich selbst wahrnehmen, sind Sie bei sich selbst, in sich selbst.
Sie spüren sich, Sie nehmen sich und Ihre inneren Bedürfnisse deutlich wahr. Wichtig ist dabei, seine innere Stimme zu vernehmen, auf das Bauchgefühl zu achten und instinktiver zu handeln als man es vielleicht sonst tut. Kurz: Es bedeutet, den Intellekt auch mal auszuschalten, wo und wann es möglich ist.

Nachstehend einige Tipps, wie Sie Ihre Selbstwahrnehmung aktivieren können:

<u>- Termine mit sich selbst machen</u>

Das klingt vielleicht merkwürdig, hilft Ihnen aber, bei sich selbst zu bleiben. Das Selbst-Meeting, für das Sie regelmäßige Zeiten festlegen sollten, findet an einem Ort statt, der ruhig ist. Dort sollen Sie ungestört sein und sich rundum wohl fühlen. Gründe für Ablenkungen der üblichen Art, wie z. B. das klingelnde Handy, sollten auch nicht vorhanden sein. Denken Sie dann über sich selbst nach!

Vermeiden Sie es, über anderen Menschen nachzudenken! Das Meeting betrifft nur Sie allein. Stellen Sie sich Fragen, als wären Sie Ihr eigener Interviewer! Fragen Sie sich, wie Sie sich fühlen, wie es Ihnen geht und welche aktuellen Probleme Sie haben!

Schreiben Sie alles, was Ihnen in den Sinn kommt, so auf, wie Sie es denken! Lektorieren Sie nicht, was Sie schreiben! Bewerten Sie auch Ihre Gedanken nicht! Alles muss authentisch sein.

<u>- Tagebuch schreiben</u>

Bewusstsein oder Bewusstheit sind große Worte. Ist es tatsächlich so, dass Sie in der Lage sind, zu sagen, was Sie gerade fühlen? Wenn ja, dann sind Sie in einer glücklichen Lage. Viele Menschen können das nicht. Oft sind Gefühle so weit aus dem Leben weggeschoben, dass man sie selbst nach intensivem Nachdenken nicht beschreiben kann.

Schreiben Sie ein Tagebuch, entwickeln Sie einen Draht zu Ihrer Gefühlswelt! Dieser Draht wird von Mal zu Mal „heißer“ und irgendwann ist es Ihnen, als hätten Sie nie etwas anderes getan. Schreiben Sie alles auf, was sich Ihnen gedanklich offenbart! Wenn Sie das Tagebuch dann öffnen, blicken Sie in sich selbst.

Die Frage danach, wie Sie sich vor einigen Tagen bei dieser oder jener Handlung fühlten, zeigt Ihnen viel über sich selbst. Sie lernen sich emotional kennen. Auf diese Weise können Sie Gefühlslagen Revue passieren lassen und Situationen im Nachhinein besser bewerten. Sie können Lehren aus Ihrem emotionalen Verhalten ziehen.

- Achtsame Atmung üben

Das Meeting mit sich selbst können Sie dafür nutzen, um eine Atemmeditation durchzuführen, die Ihnen dabei hilft, sich selbst näher zu kommen:

- Setzen Sie sich auf eine Meditationsmatte auf dem Boden oder auf einen Stuhl! Lassen Sie Ihre Gliedmaßen locker und entspannen Sie sich!
- Schließen Sie die Augen!
- Beginnen Sie damit, ruhig zu atmen, den Atem aber nicht zu lenken! Sie sollten Ihren eigenen Rhythmus finden. Dann achten Sie zunehmend auf den Atem.
- Atmen Sie tief ein und spüren Sie, wie die Luft in Ihren Bauch strömt! Konzentrieren Sie sich auf Ihren Bauch und merken Sie, wie sich der Bauch beim Atmen nach vorne wölbt und sich dann wieder senkt! Denken Sie dabei an nichts! Wenn Gedanken auftauchen, lassen Sie sie ziehen. Konzentrieren Sie sich allein auf Ihren Atem!
- Führen Sie diese Übung 5 Minuten lang durch!
- Öffnen Sie wieder die Augen und erheben Sie sich!

- Selbstbestimmung durch Bauchgefühl

Gehen Sie achtsam mit Ihren Entscheidungen um! Um sich nicht von anderen Meinungen beirren und beeinflussen zu lassen, ist es wichtig, auf das Bauchgefühl zu hören. Dort residiert Ihre innere Stimme, die mehr über Sie weiß als Sie selbst. Die meisten Menschen haben verlernt, aus dem Bauch heraus zu entscheiden. Und wenn Sie es tun, ziehen Sie dennoch den Intellekt zu Rate, der Ihnen oft einen Strich durch die intuitive Rechnung macht.

Experimentieren Sie vielleicht zu Anfang mit Entscheidungen, die Ihnen nicht so wichtig erscheinen! Lernen Sie damit, mit Ihrem Bauchgefühl in Kontakt zu sein! Wenn Sie ein deutliches Bauchgefühl verspüren, dann handeln Sie auch danach und lassen Sie sich nicht von der Entscheidung abbringen!

- Besser kommunizieren

Sie kommunizieren besser und effektiver und vor allem auch authentischer, wenn Sie sich angewöhnen, hinter Ihren eigenen Bedürfnissen zu stehen. Was die Umgangssprache betrifft, so hat es sich eingebürgert, dass man „man“ sagt, wo man sich selbst meint. Warum nicht „ich“ sagen, wenn Sie sich selbst auch meinen?
Eine Ich-Botschaft ist direkt. Hinter der „Man-Aussage“ kann man sich einfacher verstecken. Sie hält den Sprecher anonym. Er scheint unangreifbar, jeder Kritik erhaben. Wenn Sie stattdessen „ich“ sagen, stehen Sie hinter sich selbst.

So können Sie, z. B. in einem Gespräch durch die Verwendung der „Ich-Form“, Ihre Gefühlslage direkt ansprechen und sich verständlicher ausdrücken. Sie sagen nicht „Sie haben mich nicht darüber informiert“, sondern „Ich bin nicht informiert worden“, oder „Ich fühle mich allein“ anstatt „Du rufst mich nicht gar nicht an“.

6. Selbstakzeptanz

Unter Selbstakzeptanz versteht man die Fähigkeit eines Menschen, sich so zu akzeptieren, wie er ist, mit all den Fehlern, die er haben mag.

Sie können sich in Selbstakzeptanz üben, wenn Sie folgende Tipps berücksichtigen:

1. Stärken benennen

Wenn Sie zu jenen Menschen gehören, die sich selbst oft kritisieren, in Selbstmitleid verfallen oder eigene Fehler oder Marotten ablehnen und nicht eingestehen wollen, haben Sie es schwer, Stärken zu benennen. Doch jeder Mensch hat Stärken. Es geht darum, diese Stärken bewusst auszusprechen.

Listen Sie Ihre Stärken auf, blicken Sie regelmäßig auf die Liste und seien Sie bereit dazu sie zu erweitern!

2. Schwächen benennen

Das, was Sie mit Ihren Stärken machen, müssen Sie auch mit Ihren Schwächen tun. Analysieren Sie diese, notieren Sie sie und finden Sie heraus, wo Sie durch diese Schwächen behindert werden! Dann können Sie gezielt daran arbeiten.

3. Ausgleich finden

Ausgleich zwischen Stärken und Schwächen finden Sie, wenn Sie sich selbst ein guter Freund sind. Reden Sie sich gut zu, wenn es notwendig ist!
Sich selbst ein guter Freund zu sein, bedeutet aber auch manchmal die Perspektiven eines anderen Menschen einzunehmen. Treten Sie mit diesem in einen inneren Dialog: Sind die Schwächen, die Sie haben, wirklich so schlimm? Sind Sie der einzige Mensch, der diese oder jene Schwäche hat? Und betonen Sie Ihre Schwächen nicht immer etwas über?
Der Mensch kritisiert sich selbst oft am heftigsten. Darum versuchen Sie sich aus der Sicht eines anderen zu betrachten! Schwächen können kompensiert werden, wenn Sie sie mit Stärken ausgleichen.

4. Ansprüche kontrollieren

Da Menschen sich selbst gegenüber die heftigsten Kritiker sein können, denken Sie auch daran, dass es immer Lebenslagen gibt, wo dieses oder jenes Verhalten durchaus sinnvoll und angemessen ist.
Jemand, der z. B. Selbstverteidigung als Sport trainiert, ist berechtigt, diese Kenntnisse auch im Notfall einzusetzen. Für andere mag es aussehen wie sinnlose Gewalt. Doch es geht darum, eine Gefahr für Leib und Leben abzuwenden.
Schwächen können auch auftreten, wenn man sich in emotional besonders anstrengenden und belastenden Situationen befindet, wie z. B. im Fall einer Krankheit. Seien Sie in solchen Fällen nachsichtig! Es ist oftmals nicht

möglich, immer die gleichen Leistungen abzurufen, auch wenn es verlangt wird.

7. Selbstregulation

Unter Selbstregulation versteht man die Fähigkeit eines Menschen, sich selbst zu beherrschen. Selbstregulation wurde früher tatsächlich auch Selbstbeherrschung genannt. Können Sie sich selbst regulieren, sind Sie in der Lage, emotionalen Impulsen, Reaktionsschemata, Wünschen und auch der Triebhaftigkeit der menschlichen Natur zu widerstehen, diese zu steuern.
Dadurch können Sie sich auf etwas anderes, Wichtigeres konzentrieren. Selbstregulation bedeutet, sich in Geduld zu fassen und Dinge abwarten zu können, ohne voreilig zu reagieren.
Sich selbst emotional zu regulieren, wird besonders in Fällen von Verlust, Niederlage, aber auch Erfolg notwendig. Wenn Sie Ihre Gefühlswelt steuern können, verhindern Sie, sich den Frustphasen im Leben hinzugeben und depressiv zu werden.

Selbstregulation kann auch bedeuten, die persönlichen Ziele immer wieder zu hinterfragen und mit den Wünschen, Werten und Erwartungen abzuwägen, bevor man etwas umsetzt. Sie erkennen besser, was Ihnen etwas wert ist und was nicht und können so Ihr Leben glücklicher gestalten.

Nachstehend einige Tipps, mit denen Sie sich erfolgreich selbst regulieren können:

<u>1. Schritt zurück</u>
Besonders emotional impulsive Menschen profitieren davon, wenn sie in bestimmten Situationen, die anstrengend oder belastend sind, einen Schritt zurück machen. Das bedeutet, dass Sie Distanz einnehmen zu sich selbst, Ihren Reaktionen, Ihrem Verhalten und zur Situation

als Ganzes. So verhindern Sie, Emotionen einfach nachzugeben und sich gehen zu lassen.

2. Finden Sie heraus, wo Sie stehen
Es ist wichtig, dass Sie sich in das richtige Verhältnis zu anderen Menschen, Dingen und Situationen setzen können. Wenn etwas Negatives in Ihrem Leben geschieht, ziehen Sie Vergleiche. Stellen Sie fest, dass Sie mit Ihren Problemen nicht allein sind, wird sich das Verhältnis zu ihnen relativieren, regulieren.
Was zählt in Ihrem Leben? Was ist Ihnen wichtig? Und denken Sie daran, dass es sich nicht lohnt, wichtige Lebensenergie in Dinge zu investieren, die gar nicht zu Ihrem persönlichen Lebenskonzept passen.

3. Mit Bezugspersonen sprechen
Eine effektive Selbstregulation findet im „stillen Kämmerlein" statt, d.h. mit Ihnen selbst. Sie gehen in sich, finden Ihre innere Stimme in sich und lernen, danach zu handeln. Doch der Weg zu einer wirklich erfolgreichen Selbstregulation ist nicht immer einfach. Und er ist auch nicht immer kurz. Aus diesem Grund ist es wichtig, mit Bezugspersonen und Freunden über diesen Weg zu sprechen.
Das soll bedeuten, dass Sie sich nicht verschließen sollten. Offenheit ist eine wichtige Komponente der Selbstregulation.

8. Selbstmanagement

Dieser moderne Begriff klingt sehr professionell und viele Menschen mögen das Bild eines hochdotierten Selbstmanagers vor Augen haben. Doch Selbstmanagement bedeutet im Wesentlichen, die Aspekte des persönlichen Alltagslebens zu steuern. Selbstregulation, Selbstakzeptanz gehören dazu.

Selbstmanagement wird durch folgende Komponenten definiert:

- Tagesplanung
- Tagesorganisation
- Arbeitsmotivation
- Zielsetzung

Selbstmanagement bedeutet für Sie, dass Sie:

- sich rundum effektiver organisieren
- sich zu Beginn des Tages vergewissern, welche Pläne Sie für den Tag haben
- die Aufgaben des Tages planen
- den Aufgaben des Tages Prioritäten geben
- über den gesamten Tag hinweg mit hoher Motivation agieren

Selbstmanagement hat das Ziel, Sie zu befähigen, bessere Entscheidungen zu treffen, die auf der Grundlage verschiedener Faktoren, so auch der Emotionalen Intelligenz, zustande kommen. Gerade kurzfristige Entscheidungen führen häufig zu Fehlern. Sie entstehen in jenen Momenten, in denen Sie sich vielleicht unreflektiert für etwas entscheiden, was Sie später bereuen.
Planen Sie so gut wie möglich im Voraus, minimieren Sie das Risiko von Fehlentscheidungen, was besonders im Arbeitsleben von Vorteil ist! Gehen Sie außerdem sparsam mit Ihren eigenen Ressourcen um!

Nachstehend einige Tipps, wie Sie Ihr Selbstmanagement vornehmen und es gut in den Alltag integrieren können.

1. Machen Sie sich immer Notizen

Auch wenn es mühsam oder wenig sinnvoll erscheinen mag, aber kleinste Details können in manchen Situationen ausschlaggebend sein. Doch diese kleinen Details vergisst man schnell. Aus diesem Grunde gilt es alles zu notieren. Jede Idee, jeder Gedanke, der damit in Verbindung steht

und jede Tagesaufgabe sollte notiert werden. Das gilt aber auch für Ideen, die Sie haben und die Sie nicht gleich in die Tat umsetzen können.
Packen Sie die Idee oder den Gedanken in ein Ideen- oder Gedankenarchiv, das Sie jederzeit wieder konsultieren können. So haben Sie nie das Gefühl, etwas unbedingt behalten zu müssen und können sich auf die gegenwärtige Aufgabe konzentrieren.

2. Einsatz von Tools

Natürlich stellt sich die Frage, wie Sie diese Daten verwalten und sich selbst ständig zugänglich halten wollen. Dafür gibt es zahlreiche Möglichkeiten, wie bestimmte Software-Tools, die oft sogar als Freeware erhältlich sind. Es ist wichtig, dass Sie sich für bestimmte Tools entscheiden und nicht ständig rastlos neue ausprobieren. Gehen Sie in sich und finden Sie heraus, mit welchem Tool Sie persönlich am besten arbeiten können! Achten Sie nicht auf Erfahrungsberichte anderer Menschen!
Sie sind Sie, und Sie entscheiden aus dem Bauch heraus.

3. Trennung von Aufgabe und Termin

Verwenden Sie einen Kalender für die wichtigsten Dinge! Trennen Sie dabei immer den Termin von der Aufgabe! Notizen, wie z. B. zu einem Meeting, sollten separat angelegt werden. Achten Sie also immer auf Übersichtlichkeit, die oberstes Gebot ist!

4. Analog und digital kombinieren

Wie oft hört man heute die Worte, dass sich das Leben eines Menschen in seinem Smartphone befände. Das ist natürlich falsch. Digitale Medien sind hilfreich, doch sie sind nicht alles. Zwar tendieren die Menschen dazu, alle persönlichen Daten abzuspeichern, doch im Fall von Terminen und Notizen erreicht auch die beste digitale Lösung niemals die Flexibilität eines klassischen Kalenderbuches für die Tasche.

Handschriftliches Notieren hat eine ganz andere Wirkung auf das Gehirn als das Eintippen auf einer Tastatur. Es ist kreativer und macht die Ideenfindung einfacher.

5. Zeitblöcke

Planen Sie möglichst mit zeitlichen Blöcken! Damit verhindern Sie, dass Sie zwei Aufgaben, die ein Thema oder eine Aktivität betreffen, über den Tag verteilen. Das kann Nachteile mit sich bringen. Zeitblöcke dienen dazu, die Energie zu fokussieren.

Sie werden dadurch effizienter. Außerdem ist es Ihnen so besser möglich, zwischen den Prioritäten von Dingen zu unterscheiden.

Achten Sie immer auf Pausen zwischen den Blöcken. In denen können Sie in sich gehen, um neue Kraft zu tanken!

6. To-Do-Liste

Eine To-Do-Liste ist notwendig, um den Tag strukturieren zu können und wichtige Dinge, die zu erledigen sind, zu priorisieren, ohne sie aus dem Auge zu verlieren. Neben einer To-Do-Liste ist aber auch eine Not-To-Do-Liste sinnvoll, die all das enthält, was Sie nicht machen wollen.

Das Vermengen von Aufgaben, die notwendig sind, mit Aufgaben, die es nicht sind, führt nur dazu, dass Sie sich schlechter auf das Wichtige konzentrieren können. Sie verschwenden Ihre wertvolle Energie.

7. Intuitiv arbeiten

Es steht außer Frage, dass es wichtig ist, Aufgabe zu planen und dafür auch Tools einzusetzen, die die Arbeit erleichtern. Doch die Intuition darf dabei nicht zu kurz kommen. Sie ist Ihre innere Stimme. Das sind Sie - ganz authentisch.

Nehmen Sie eine Zuweisung von Prioritäten vor, seien Sie intuitiv! Horchen Sie in sich hinein! Intuition ist nicht nur emotional bedingt, sie entwickelt sich aus Ihren eigenen persönlichen Erfahrungen. Intuition ist ein kompetentes Hilfsmittel, Entscheidungen zu treffen. Planen Sie daher aktiv und lassen Sie die Intuition passiv mitentscheiden!

9. Praktische Übungen zur Steigerung des EQ

Sie müssen sich nicht an einen bestimmten Ort begeben, um mit Hilfe von praktischen Übungen Ihre emotionale Intelligenz zu steigern. Das Leben, Ihr Alltag ist die Bühne Ihrer Emotionen. Hier können Sie tätig werden.

1. Nicht dem Analyse-Druck verfallen

Die erste Übung für den Alltag besteht darin, trotz des Vorhabens, die eigene emotionale Intelligenz zu erhöhen, nicht dem Drang oder inneren Druck nachzugeben, jede Emotion ständig zu analysieren. EI sollte auch immer gezielt eingesetzt werden, d.h. Sie sollten ausgewogen mit ihr umgehen.

Wer ständig auf die eigenen Emotionen fokussiert ist, verliert sich in diesen und sieht den Wald vor lauter Bäumen nicht mehr.

Diese Übung besteht also darin, sich zurückzuhalten. Weniger ist mehr. Emotionen zu analysieren, bedeutet, ihre Eigendynamik zu regulieren. Das kann sinnvoll sein, aber nur dann, wenn Sie sich über Ihre Emotionen bereits im Klaren sind. Analysieren Sie nicht ständig, sondern versuchen sie 7 Tage lang jeweils 30 Minuten über Ihre Emotionen nachzudenken!

Analysieren Sie, was Sie in Rage versetzt, was Sie traurig macht, wobei Sie unangenehme oder angenehme Emotionen empfinden! Doch vermeiden Sie es bei dieser Übung, sich den Emotionen hinzugeben, d.h. entweder sich dem Frust hinzugeben oder depressiv zu werden! Das Schwierige ist, sich selbst genügend Spielraum zu geben, um die Emotionen dennoch zu empfinden. Haben Sie ein negatives Gefühl, halten Sie sich die Analyse für die täglichen 30 Minuten frei!

Der Ort, an dem das stattfinden kann, sollte ruhig sein. Sie können sich für die Analyse Ihrer Emotionen sogar einen Wecker stellen, damit Sie diese Zeit „reserviert“ halten.

2. Das Emotionstagebuch
Dinge, die man niederschreibt, stehen einem immer wieder zur Verfügung. Gerade bei der Analyse von Emotionen in wiederkehrenden Situationen ist es sinnvoll, die eigenen Reaktionen vergleichen zu können. Das sind Fragen wie: Wie verhalte ich mich heute? Wie habe ich mich letzte Woche verhalten? Dabei ist Ihnen das Emotionstagebuch behilflich.

Sie können Ihr Emotions- oder Gefühlstagebuch z. B. über einen Monat führen, aber auch länger. Das ist Ihre eigene Entscheidung. Es geht darum, jeden Tag genau zu notieren, welche Emotionen Sie gehabt haben. Das Ziel ist es, nach und nach, Woche für Woche einen besseren Kontakt zu den eigenen Emotionen zu bekommen. In der ersten Tagebuchwoche fangen Sie also z. B. damit an, nur zu notieren, ob Sie Ihre Emotionen gespürt haben oder nicht. Das können Sie mit den Zahlen von 0 bis 10 bewerten. Analysieren Sie aber noch nicht! Das bedeutet, dass es in der ersten Woche unerheblich ist, ob Sie negative oder positive Emotionen empfunden haben.

In der zweiten Tagebuchwoche geht es allerdings bereits darum, festzuhalten, was die intensivste Emotion des Tages war. Alle Emotionen müssen immer so gut wie möglich benannt werden. Im Gegensatz zur ersten Woche wird sich nun bereits herauskristallisieren, welche Emotionen Ihren Alltag bestimmen.

In der darauffolgenden Woche werden Sie merken, dass Sie inzwischen schon einen guten Überblick über ihre Emotionen bekommen haben. Das bedeutet, dass Sie in der Lage sind, diese immer genauer zu beschreiben.

Dabei sollten Sie darauf achten, dass Sie die Emotionen, die Sie am stärksten empfanden, nicht bewerten. Eine Bewertung von Emotionen ist nicht der Sinn dieser Art von Tagebuch. Es dient nur der Bewusstwerdung emotionaler Impulse. Dadurch gelingt es Ihnen nach einiger Zeit, Emotionen bewusster einzusetzen.

Natürlich können Sie Ihr Emotionstagebuch auch erweitern. Das hängt davon ab, über welchen Zeitraum Sie das Tagebuch führen wollen.

Eine Erweiterung besteht z. B. darin, wiederkehrende Emotionen besonders herauszuheben und Sie in den situativen Kontext zu stellen. Wann haben Sie diese Emotion gehabt? Was geschah? Sie können aber auch die Reaktionen anderer Menschen auf Ihre Emotionen niederschreiben und damit Ihr Verhalten besonders in zwischenmenschlichen Beziehungen besser bewerten.

Eine weitere Stufe des Emotionstagebuchs besteht darin, tägliche Situationen, in denen Sie besonders emotional reagierten, am Abend zu analysieren und dann aufzuschreiben. So können Sie Ihre emotionale Entwicklung in bestimmten Lebenssituationen selbst nachverfolgen und daraus Ihre Erkenntnisse über sich selbst ziehen.
Das lohnt sich aber erst dann, wenn Sie das Tagebuch schon einige Zeit geführt und Ihre Gefühlswelt gut kennengelernt haben.

<u>3. Kommunikationsfähigkeit steigern</u>
Eine wichtige Voraussetzung für die Verbesserung Ihrer persönlichen Kommunikationsfähigkeit besteht darin, anderen Menschen ihre Persönlichkeit zuzugestehen. Denn wollen Sie Ihre Kommunikationsfähigkeit verbessern, müssen Sie andere akzeptieren, wie sie sind. Versetzen Sie sich in die Lage anderer Menschen und erkennen Sie die Beweggründe für deren Standpunkte! Das dient einer harmonischen, kreativen und lösungsorientierten Kommunikation.
So ist es z. B. eine Übung, sich 30 Minuten an einen ruhigen Ort zurückzuziehen und mit einer Person, die sich vollkommen außerhalb Ihres eigenen Lebensumfeldes bewegt, in einen fiktiven Dialog zu treten

Versuchen Sie sich, z. B. in die Lage eines Obdachlosen zu versetzen, an dem Sie vielleicht tagsüber vorbeigingen. Welche Dinge bewegen dessen Leben? Welche Standpunkte mag er in seiner Situation vertreten? Wie würde er argumentieren, wenn es um bestimmte Lebensfragen ginge?
Obwohl Ihnen diese Person gesellschaftlich fremd ist, können Sie durch die Übung des fiktiven Dialogs einiges lernen.
Lernen Sie andere Menschen über die EI besser kennen, vereinfachen Sie die Kommunikation mit ihnen um ein Vielfaches! Wenn Sie dann noch an Ihrer eigenen Ausdrucksmöglichkeit arbeiten, d.h. Ihre Gestik und Mimik bewusst einsetzen lernen, sind Sie in der Lage das, was Sie kommunizieren wollen, körpersprachlich zu unterstützen.

Teil III – Beziehungen zu anderen Menschen

Die Beziehungen zu anderen Menschen sind vielfältig und vielschichtig. Berufliche Beziehungen zu Arbeitskollegen sind anders als private Beziehungen zu Familienmitgliedern, Freunden und Bekannten. Doch egal, worum es sich handelt, es gibt gewisse Grundbausteine für eine zufriedenstellende oder sogar glückliche Beziehung. Man kann 5 solcher Bausteine definieren, die sowohl im privaten wie geschäftlichen Kontext ihre Gültigkeit haben.

1. Die 5 Bausteine für eine glückliche Beziehung

<u>1. Baustein: Anerkennung und Aufmerksamkeit</u>
Sie werden es aus eigener Erfahrung kennen: Wenn Sie in eine Beziehung eintreten, sieht alles rosafarben aus. Der Himmel hängt voller Geigen, es scheint ständig die Sonne. Partner oder Partnerin ist der liebste Mensch, den man hat. Selbst Marotten und charakterliche Fehler werden romantisiert. Sie versuchen alles zu tun, damit die Beziehung liebevoll und aufmerksam ist. Die Planung des Lebens erfolgt gemeinschaftlich und das Liebesleben kommt auch nicht zu kurz.
Doch mit der Zeit scheint der Zauber der Beziehung zu verfliegen, der liebevolle Umgang wird unachtsamer, man verfällt in Routinen, die einen abstumpfen lassen. Nach einer Weile fällt dem einen oder anderen vielleicht auf, dass er oder sie den Schlüssel zu einer glücklichen Beziehung verlegt oder sogar verloren hat.

Hier kommt die Emotionale Intelligenz ins Spiel. Es ist wichtig, dass Sie Partner oder Partnerin immer zeigen, wie

wertvoll er oder sie für Sie ist. Das ist der erste Baustein einer glücklichen Beziehung: Anerkennung. Sie achten die andere Person, mit all ihren Marotten und Fehlern, auch wenn Sie diese anfangs vor lauter überschwänglicher Liebe übersehen haben mögen.
Die Person ist dieselbe geblieben, nur Ihre Wahrnehmung hat sich verändert. Gehen Sie also in sich und stellen Sie fest, dass Sie diese Person noch immer lieben! Erneuern Sie Ihre Aufmerksamkeit dadurch und seien Sie dankbar für diese Erkenntnis.
Das Leben verändert sich und es ist wichtig, diese Veränderungen nicht als negativ zu empfinden.

2. Baustein: Transparenz und Kommunikation
Viele Beziehungen werden intransparent, weil sich die Partner nicht mehr offen zueinander verhalten. Die Kommunikation lässt nach, die Themen, über die man sich unterhält, werden eingeengt. Auch wenn sich Interessen und Neigungen im Leben ändern, eine transparente Kommunikation hilft Ihnen dabei, Missverständnisse zu vermeiden. Nur, weil man zeitweise auf bestimme gemeinsame Aktivitäten verzichtet, muss man noch lange nicht getrennte Wege gehen.
Transparenz dient daher auch der gegenseitigen Toleranz, die die beste Grundlage für eine dauerhafte Beziehung ist.
Menschen sammeln im Leben unterschiedliche Erfahrungen, auch wenn sie zusammenleben. Das bedeutet nicht immer Positives. So können Triggerpunkte entstehen, die bestimmte Emotionen wie Wut oder Angst betreffen.
Diese können durch Schicksalsschläge, wie Jobverlust, etc., ausgelöst werden. Daraus wiederum können dauerhafte Verhaltensweisen entstehen, die für Sie vielleicht befremdlich sind. Das allerdings bedeutet nicht, dass Sie nicht mehr geliebt werden.
In solchen Fällen sind transparente Gespräche wichtig, um dem anderen zu zeigen, dass man sich um ihn kümmert. Seien Sie darum immer ehrlich, wenn es um die Emotionen geht! Eröffnen Sie Ihrem Gegenüber auch die Probleme, die Sie mit dessen Verhalten haben! Dadurch wird ein

gegenseitiges Verstehen möglich, was jede Beziehung nur stärkt.
Die Ehrlichkeit, die die Transparenz bringt, bedeutet auch noch etwas anderes, das man wie folgt zusammenfassen kann:
Sprechen Sie immer aus, wenn Probleme entstanden sind! Übergehen Sie diese nicht in der Hoffnung, sie könnten sich von alleine lösen! Schmerz wird auch nicht gelindert, indem man ihn übergeht oder verdrängt. Das Gegenteil ist der Fall. Schmerz ist akkumulativ. Er staut sich an, was bedeutet, dass das berühmte Fass irgendwann überläuft.

Auch wenn es Ihnen vielleicht unangenehm sein sollte, sprechen Sie alles aus, was Sie bedrückt! Oft empfindet Ihr Gegenüber sogar das Gleiche und hat Verständnis dafür.

3. Baustein: Akzeptanz und Respekt
Den anderen zu akzeptieren und zu respektieren, bedeutet auch, ihm oder ihr seine Freiheiten zu lassen. Oft mag man sich gekränkt oder übergangen fühlen, was eine Reaktion bewirkt, die man als „Payback-Verhalten" umschreiben könnte. Da man selbst gelitten hat, möchte man, dass der andere auch leidet.
Das setzt eine Spirale in Gang, die ebenfalls nur durch einen transparenten Umgang verhindert werden kann.
Akzeptanz und Respekt sind Grundlagen jeder Beziehung, doch es ist darauf zu achten, was genau akzeptiert und respektiert wird. Oft werden diese beiden Grundbegriffe, z. B. durch Krankheiten, strapaziert. Wird der Partner krank, kann er seinem Job nicht mehr nachgehen und die Lebenssituation wird komplizierter. Dann ist man, mehr als je zuvor, aufeinander angewiesen. Oft werden Beziehungen dann immer schwieriger.
Doch Sie sollten immer das Beste für den Anderen wollen, auf ihn eingehen und ihn verstehen. Daran kann eine Beziehung auch in schwierigen Zeiten nur wachsen.

Wenn man den anderen respektiert, ist es ein Einfaches, ihm zu vertrauen und gemeinsam nach einer Lösung zu

suchen. Den anderen Menschen zu akzeptieren, bedeutet aber nicht die eigenen Wünsche und Vorstellungen zu ignorieren. Tun Sie das, kommt es schnell zu einem Ungleichgewicht in der Beziehung. Verbiegen Sie sich nicht, um dem anderen Menschen zu gefallen!
Den Respekt, mit dem Sie ihm begegnen, sollte auch er Ihnen entgegenbringen. Auf diese Weise holt man in einer Beziehung das jeweils Beste aus dem anderen hervor.
Respekt und Akzeptanz sind in Streitfällen besonders wichtig. Streitigkeiten sollten Sie immer richtig angehen. Machen Sie es sich zur Regel, zu sagen, dass Sie ein gemeinsames Problem haben, das Sie auch nur gemeinsam lösen können!
Der Streit dreht sich nicht um Sie beide, sondern um das jeweilige Problem. Das weckt auch in Streitfällen den Teamgeist in einer Beziehung.

4. Baustein: Selbstliebe

Selbstliebe ist ebenfalls ein Baustein zu einer glücklichen Beziehung. Doch es geht um Selbstliebe, nicht um Narzissmus und Egoismus. Egoismus treibt eine Beziehung auseinander, weil gegenseitiges Verständnis und Offenheit dem anderen gegenüber fehlen. Man tut etwas, weil man es will, ohne dabei auf den anderen zu achten.
Selbstliebe bedeutet hier, dass Sie Ihr Leben akzeptieren, wie es ist - und zwar mit allen Höhen und Tiefen. Damit vermeiden sie Beziehungsprobleme, die meistens dann auftauchen, wenn das Leben nicht so verläuft, wie man es sich vorgenommen hat. Dabei geht es auch um Gleichgewicht.
Es kommt sehr häufig vor, dass Menschen, die in Beziehungen leben, einen bestimmten Aspekt ihres Lebens überbetonen und damit der Beziehung den notwendigen Ausgleich, die notwendige Harmonie rauben.

Gleichgewicht halten bedeutet alle Aspekte Ihres Lebens zu pflegen. Eine gesunde Selbstliebe verhindert, dass ein ungesunder Egoismus der Beziehung im Wege steht. Jeder

achtet auf den anderen und sich selbst, ohne dass egoistischer Neid alles zerstören würde.
Zum Gleichgewicht halten, zählt allerdings auch, dass man in der Lage ist, die Kontrolle eine Zeitlang abzugeben. Gehen Sie nach innen und vertrauen Sie sich selbst! Das ist in diesem Fall Selbstliebe. Verdrängte Ängste sind Ängste, die eine Beziehung belasten. Lassen Sie also die Achterbahnfahrt des Lebens zu!

5. Baustein: Vertrauen und Commitment
Der letzte Baustein für eine glückliche Beziehung ist Vertrauen, bzw. Commitment. Jede feste liebevolle Beziehung beruht darauf.
Wer sich vertraut, ist füreinander da. Das ist Commitment. Man bekennt sich zu dem anderen. Das bedeutet auch, dass man darüber offen spricht, was eine Beziehung eigentlich ausmacht. Wer sich vertraut und offen zueinander ist, kann das tun und stärkt damit die Beziehung.

2. Was ist Empathie?

Vor Einführung und Verbreitung des Begriffes „Empathie" wurde diese, als soziales Bewusstsein oder auch Mitgefühl bezeichnet.
Das Wort „Mitgefühl" drückt Empathie vielleicht am besten aus. Es geht darum, mitzufühlen, d. h. um die Fähigkeit, sich in andere Menschen hineinzuversetzen und ihre Emotionen nachzuvollziehen. Auf Grundlage dieser Erfahrungen wird eine konstruktive Kommunikation möglich. Diese ist auf dem Verständnis des anderen Menschen aufgebaut.
Die Möglichkeit, sich in einen anderen Menschen hineinzuversetzen, bietet sich Ihnen im Alltag unzählige Male. Auch wenn Sie sich nicht mit jemandem persönlich unterhalten, ist es möglich, die Situation eines anderen Menschen emotional zu erfassen. Sie erkennen den Gefühlszustand Ihres Gegenübers nicht nur anhand der verbalen Äußerungen und der Art und Weise der

Artikulation, sondern auch an der sogenannten „Prosodie“. Sie bezeichnet den Klangverlauf einer verbalen Artikulation oder aber auch eines gesamten Gesprächs.
Emotionen können Sie am Gesichtsausdruck, an Mimik und Gestik ablesen. Auch die Körperhaltung eines Menschen und seine Körpersprache tragen dazu bei, Ihnen Aufschluss über die Gefühle zu geben. Wenn Sie sich mit Mimik und Gestik nicht so gut auskennen und es Ihnen schwerfällt, Emotionen daran abzulesen, ist es ratsam, sich mit den eigenen Körperäußerungen zu beschäftigen.

Stellen Sie sich vor den Spiegel und spielen sie ein wenig Theater! Versuchen Sie ein wütendes, ein freudiges oder trauriges Gesicht zu machen! Sie werden nach einer Weile diese emotionalen Äußerungen bei anderen Menschen besser einschätzen können.
Empathie ist das Mitfühlen mit anderen. Sie schwingen, mit anderen Worten, mit einer Person emotional mit, indem Sie die Emotionen nachempfinden. So erhalten Sie einen optimalen Zugang zu Ihrem Gegenüber. Das eröffnet viele Möglichkeiten für Sie. Sie können auf Menschen eingehen, Probleme lösen oder bei der Lösung behilflich sein. Ja, Sie können sogar Menschen heilen.
Man spricht im Kontext der Empathie von der kognitiven Empathie und der emotionalen, bzw. affektiven Empathie. Von kognitiver Empathie spricht man, z. B. in Tests, bei denen Testpersonen die Emotionen anderer anhand von Bildern, Filmaufnahmen oder auch während persönlicher Interaktionen erkennen und beschreiben sollen.
Die emotionale Empathie ist das emotionale Mitschwingen mit anderen. Sie ist primär emotional, während die kognitive Empathie den Einsatz intellektueller Fähigkeit voraussetzt.
Im Alltag sind beide Empathie-Typen in der Regel vermischt, d.h. das emotionale Mitschwingen tritt gemeinsam mit dem kognitiven Erkennen der Emotionen auf. Gemeinsam bilden sie das, was man als soziales Bewusstsein bezeichnet.

Besonders in Beziehungen, wie z. B. Partnerschaften, ist es wichtig, Emotionen richtig einzuschätzen, um reagieren zu können und den anderen nicht zu verletzen. Die Emotion selbst ist in den meisten Fällen allerdings nur sehr schwer zu bemerken, vielmehr ist es der Handlungsimpuls, den Sie bewusst spüren. Sie sind verärgert und ballen die Faust. Die Verärgerung selbst mag Ihnen gar nicht aufgefallen sein, dafür aber merken Sie, wenn Sie Ihre Hand zur Faust ballen.
Die richtige Einschätzung der Emotionen anderer Menschen beruht auch auf der grundsätzlichen Akzeptanz, dass jeder Mensch andere Empfindungen hat. Oft sind sie ähnlich. Aber vielleicht sind sie niemals gleich.

Besonders im Fall von Mann und Frau ist das richtige Reagieren auf emotionale Äußerungen nicht selten mit Problemen verbunden. Der Unterschied zwischen den Geschlechtern macht sich deutlich bemerkbar. Männer haben es in der Regel schwerer, ihre Gefühle anderen Menschen offen zu zeigen, auch wenn es sich dabei um enge Freunde oder Mitglieder der Familie handelt.
Frauen dagegen bewerten dieses Defizit oft als Ablehnung ihrer Person, als Desinteresse seitens des Mannes. Ausgehend von ihrer eigenen Gefühlswelt erwarten sie andere Reaktionen. Aus diesem Grund ist es wichtig, empathisch, d.h. verständnisvoll mit dem anderen umzugehen und Probleme, die Emotionen betreffen, immer anzusprechen.
Das ist ein Beleg für soziales Bewusstsein, für praktisches Mitgefühl und eine emotionsorientierte Kommunikation.

2. Aktive Kommunikation

Unter aktiver Kommunikation versteht man bewusstes Kommunizieren. Wer aktiv kommuniziert, hört dem Gegenüber genau zu. Dabei gilt es, auf zahlreiche Dinge zu achten, um somit die Kommunikation zielorientierter gestalten zu können.

Folgende Faktoren gelten als Grundvoraussetzung für aktives Zuhören:

- Konzentrieren Sie sich auf Ihr Gegenüber!
- Nehmen Sie an, was Ihr Gegenüber sagt, nehmen Sie Anteil!
- Seien Sie einfühlsam, was die Körpersprache Ihres Gegenübers betrifft!
- Üben Sie sich in Unvoreingenommenheit und Vorurteilslosigkeit, was bedeutet, dass Sie sich auf das konzentrieren, was wirklich gesagt wird!
- Versäumen Sie nicht nachzufragen, wenn etwas unklar ist!

Die 3 Stufen der Aktiven Kommunikation
Aktives Zuhören hat den Zweck, Gespräche, die Sie führen, für Sie erfolgreicher werden zu lassen. Dabei ist es wichtig, dass Sie Ihrem Gegenüber immer zugestehen, in gleicher Weise offen sprechen zu können wie Sie, ohne dass Sie vielleicht sogar gekränkt sind.

1. Stufe: Zuhören und aufnehmen
Das bedeutet im Wesentlichen, dass Sie selbst wenig oder sogar nichts sagen und sich auf das konzentrieren, was Ihr Gegenüber äußert. Dabei ist es wichtig, dem Gesprächspartner zu signalisieren, dass Sie zuhören. Das geschieht durch Aufmerksamkeitslaute oder Aufmerksamkeitsgesten, wie z. B. Kopfnicken, aber auch durch direkten Blickkontakt, sowie über das Emotionsspiegeln.
Das bedeutet, dass Sie die Emotionen, die Ihr Gegenüber zeigt, bestätigen. So signalisieren Sie die Gesprächsteilnahme. Es bedeutet jedoch nicht, dass Sie nicht immer wieder auch selbst etwas zum Gespräch beitragen können.
Aufnehmendes Zuhören wirkt beruhigend auf einen Menschen, der gerade sehr emotional involviert ist. Wenn Sie Ihrem Gegenüber, das sich gerade über etwas sehr geärgert hat, mit ruhigem, tiefem Atmen begegnen, hat das

eine positive Wirkung. Diese „Entstressung“ kann in manchen Situationen auch deeskalierend sein.

2. Stufe: Paraphrasieren

Wenn Sie paraphrasieren, wiederholen Sie das von Ihrem Gesprächspartner Gesagte mit eigenen Worten. Das zeigt, dass Sie an dem Gespräch nicht nur konzentriert beteiligt, sondern auch an möglichen Problemlösungen aktiv interessiert sind. Dafür ist es ratsam, das Gesagte in eine Frage umzuformulieren. Das sind z. B. Sätze wie: „Wenn ich Sie richtig verstanden habe, meinen Sie...“ oder „Sind Sie also der Ansicht, dass...“

Diese Gesprächstechnik ist sehr empfehlenswert, wenn es bei komplexen Themen leicht zu Missverständnissen kommen kann. Außerdem kann man diese Technik einsetzen, wenn es darum geht, Zeit für eine passende Antwort zu bekommen.

In dem Fall, dass es sich um ein sehr emotionales Gespräch handelt oder um eine Aussage, die Sie ablehnen, haben Sie die Möglichkeit, über das Paraphrasieren, Einfluss auf Ihre Emotionen auszuüben.

3. Stufe: Verbalisieren

Verbalisieren Sie etwas, geben Sie es mit den eigenen Worten wieder. Dabei gehen Sie dieses Mal auch auf die versteckten Botschaften ein und spiegeln die, von Ihnen vermutete emotionale Stimmung des Gegenübers. Wichtig bei derartigen Botschaften sind die Zwischentöne.

Dabei gilt die Regel: Das, was gesagt wird, wird erst durch die Art und Weise, wie es gesagt wird, interessant. Mit den Zwischentönen sind Sprechtempo, Tonfall und auch Sprechweise gemeint. Ist es ein sachliches Gespräch mit fachlichem Vokabular? Oder wird das Gespräch eher „casual“, entspannt und umgangssprachlich geführt?

Beim Verbalisieren können Sie z. B. einen sachlichen Inhalt weicher wiedergeben. Dann könnten Sie sagen: „Ich habe das Gefühl, dass ...“ oder „Irgendwie scheint es mir, dass ...“.

3. Umgang mit Konflikten lernen

Konflikte gehören zum Leben und auch zu allen Beziehungen. Natürlich sind nicht alle Konflikte einfach zu durchschauen. Sie sind oft nicht transparent, weshalb viele Faktoren unausgesprochen bleiben.

Doch es gibt einige Grundregeln für den Umgang mit ihnen, die in vielen Fällen positive Effekte haben.

Nachstehend einige strategische Tipps, die Ihnen beim nächsten Mal behilflich sein können:

1. Erkennen Sie die Mechanismen eines Konflikts

Im persönlichen und alltäglichen Bereich bedeutet das, dass Sie Signale, die ein anderer Mensch aussendet, nicht nur wahrnehmen, sondern auch ernst nehmen. Übersehen Sie dabei nichts! Die meisten Konflikte beginnen unmerklich und schaukeln sich dann langsam hoch, bis es zur eigentlichen Konfrontation kommt. Es ist natürlich besser, es nicht dazu kommen zu lassen.

Doch nicht immer ist das gegeben. Darum sind Ihre Aufmerksamkeit und Achtsamkeit gefordert. Wenn Sie Signale feststellen, die Sie entsprechend deuten, ist es besser, einen anderen Menschen darauf offen anzusprechen.

2. Beleuchten Sie kritisch das Konfliktverhalten

Das betrifft das Konfliktverhalten Ihres Gegenübers. Respektieren Sie die Bedürfnisse des anderen, die sich von Ihren sehr unterscheiden können! Wie emotional ist Ihr Konfliktpartner? Wie emotional sind Sie selbst?

Ist Ihr Gegenüber ein Mensch, der persönliche Probleme, vielleicht einen Schicksalsschlag erlitten hat und darum zu aggressivem Verhalten neigt? Bestimmte Stimmungslagen sind regelrechte Blockaden für vernünftige Argumente.

Seien Sie also einsichtig und gehen Sie auf die Stimmung ein, wodurch Sie die Lage deeskalieren! Das öffnet Ihr Gegenüber für sachliche Argumente.

3. Erkennen Sie Interessen

Um zu erkennen, welche Interessen eine andere Person verfolgt, ist es notwendig, die Perspektive zu ändern. Schlüpfen Sie darum in Ihren Konfliktpartner! Versetzen Sie sich in seine Lage, wodurch es Ihnen gelingt, Verständnis für ihn zu entwickeln!
Tun Sie das achtsam und unaufdringlich! Dabei ist es wichtig, die jeweiligen Streitpositionen zu ignorieren. Bestehen Sie also in diesem Augenblick nicht auf Ihrem Standpunkt, so können sie dem Gegenüber auf Augenhöhe begegnen.

Ferner ist es natürlich unerlässlich, mögliche Vorurteile beiseitezulegen. Seien Sie also frei von Voreingenommenheit, Vermutungen, Spekulationen und Vorwürfen!

4. Setzen Sie auf Ich-Botschaften

Wenn Sie auf Ihr Gegenüber eingehen wollen, sollten Sie auch eine anonymisierende Wortwahl vermeiden. Das schafft Transparenz. Vermeiden Sie die „Man-Form" und ersetzen Sie sie durch die „Ich-Form! Außerdem ist es wichtig, Vorstellungen und Wünsche in einer positiven Weise zu formulieren.
Lassen Sie Verneinungen weg und verzichten Sie auf vorwurfsvolle Formulierungen! Diese provozieren nur.
Strukturieren Sie Ihre Aussagen und finden Sie eine neutrale Artikulation für das Problem, um das es Ihnen geht! Bleiben Sie sachlich und konkret! Schweifen Sie nicht ab und äußern Sie das, was Ihnen wichtig erscheint!

5. Hören Sie aktiv zu

Aktives Zuhören signalisiert dem Konfliktpartner, dass Ihnen das, was gesagt wird, auch ernst ist. Sie hören aktiv zu, um mit dem Gegenüber auf eine Wellenlänge zu

kommen, auf der das Gespräch verlaufen kann. Das bedeutet aber nicht, dass Sie Zustimmung geben, wo Sie sich Ihrer Sache nicht sicher sind.
Einwürfe, wie „Ach so“ oder „Aha“, betonen Ihr Interesse an einer Konfliktlösung und wirken versöhnlich. Sie können aber auch das, was Ihr Gegenüber sagt, verbalisieren, d.h., wie schon beschrieben, in eigenen Worten wiedergeben. Das hat den gleichen Effekt.

6. Gehen Sie souverän mit Kritik um

Lassen Sie sich nicht durch Provokationen gegen die Wand drücken! Auch nicht mit Kritik, selbst wenn diese berechtigt ist. Normalerweise blocken Menschen ab, wenn sie kritisiert werden. Wenn Sie sich von Vorwürfen bedrängen lassen, ist das keine Lösung.
Es ist stattdessen wichtig, eine Aussage nach konstruktivem Inhalt zu bewerten und diesen zum gemeinsamen Ziel der Konfliktlösung in Beziehung zu setzen.

7. Kommunizieren Sie respektvoll

Auch wenn Sie anderer Meinung sind, eine respektvolle Kommunikation ist immer vorteilhaft. Blocken Sie Ihr Gegenüber nicht ab, leugnen Sie nichts und provozieren Sie nicht mit der „Du-Form“! Genauso wenig zielführend sind betretenes Schweigen und Unterbrechungen. Es ist nicht respektvoll, den anderen nicht zu Wort kommen zu lassen.
Halten Sie die Waage! Das bedeutet, dass Sie sich nicht selbst über Maß zurücknehmen sollen. Seien Sie konstruktiv, aber zeigen Sie mit Achtsamkeit Ihrem Gegenüber die Grenzen auf!

8. Lassen Sie alte Konflikte ruhen

Vermeiden Sie es, bei Konflikten vergangene Probleme anzusprechen oder diese mit dem aktuellen Konflikt zu verbinden! Der Blick sollte immer nach vorne gerichtet sein. Sie sollten sich immer der Zukunft zuwenden und die Problemlösung auf die Zukunft anpassen, aber darauf verzichten Vorschläge sofort zu kommentieren. Das könnte als Bevormundung ausgelegt werden.

9. Win-Win-Lösungen in Betracht ziehen
Konflikte können nicht immer gelöst werden, indem man zu einer schnellen Lösung kommt, die vielleicht nicht vollständig überdacht worden ist. Nachhaltige Lösungen gehen mit langfristigen Beziehungen einher.
Eine gute Möglichkeit, einen Konflikt beizulegen, ist, wenn man eine Win-Win-Option in Betracht zieht, sodass beide Parteien zufriedengestellt sind. Es ist sinnvoll eine solche Möglichkeit dem Gegenüber offen anzubieten, um zu signalisieren, dass man einen Streit beilegen möchte. Das wirkt deeskalierend.

4. Zwischenmenschliche Beziehungen

Der Mensch ist ein soziales Wesen. Das bedeutet, dass er ohne Beziehungen zu anderen Menschen nicht leben kann. Seine gesamte Entwicklung ist an unterschiedliche zwischenmenschliche Beziehungen gekoppelt. Werden ihm diese versagt, kann sich ein Mensch weder emotional, noch intellektuell, noch sozial gesund entwickeln.
Soziale Beziehungen, egal ob privat oder beruflich, sind grundsätzlich gut für das allgemeine Wohlbefinden. Wenn Sie in Kontakt mit anderen Menschen stehen, kommunizieren Sie. Und Kommunikation ist eines, der menschlichen Grundbedürfnisse. Sie haben die Möglichkeit zu lernen und sich dadurch zu entwickeln, eigene Ideen und Vorstellungen zu realisieren. Es ist ein weiteres emotionales Grundbedürfnis des Menschen, Teil einer Gemeinschaft zu sein.
Demgegenüber wirkt sich längere Einsamkeit, die zudem ungewollt ist, schlecht auf die Gesundheit aus. Auch das Glücksgefühl spielt in einem gesunden Leben eine wichtige Rolle. Glückshormone sollen sogar die Eigenschaft haben, einem Menschen ein längeres Leben zu bescheren.

Wichtig bei sozialen Beziehungen ist nicht ihre Anzahl, sondern ihre Qualität. Wenn Sie qualitativ gute, tiefgründige Beziehungen haben, reichen wenige aus, um Sie glücklich und zufrieden sein zu lassen. Menschen, die viele Menschen als Freunde bezeichnen, haben in der Regel nur sehr oberflächliche Beziehungen oder sind emotional sogar nicht fähig, solche zu schließen.
Tatsächlich können konfliktreiche Beziehungen ungesünder für einen Menschen sein als Alleinsein oder Einsamkeit.
Von größter Bedeutung ist ein weiteres Grundbedürfnis: Grundvertrauen. Wenn Sie einem anderen Menschen vertrauen können, ist das wie ein Anker für ein Schiff, das auf hoher See ist. Funktionierende vertrauensvolle Gemeinschaften sind daher mit einem sicheren Hafen zu vergleichen, der Ihnen Kraft gibt, den Alltag zu meistern. Das sichere Gefühl, einen Ansprechpartner in herausfordernden Situationen zu haben, lässt Sie Stress, Ärger, Wut und Trauer leichter erleben.

Doch auch wenn soziale Beziehungen das A und O des menschlichen Lebens sind, ist es wichtig, die wertvollen Energien nicht an den falschen Orten zu verschwenden.
Im Umkehrschluss bedeutet das: Sparen Sie nicht mit Ihren positiven Energien, wenn es um wichtige Beziehungen im Leben geht! Viele Beziehungen gehen in die Brüche, weil die Partner falsche Prioritäten setzen. Dann wird z. B. die Arbeit wichtiger als der Lebenspartner. Man kümmert sich nicht mehr umeinander, entfremdet sich, geht auseinander. Verbringen Sie so viel Zeit wie möglich mit den Menschen, die Ihnen
nahestehen! Vernachlässigen Sie ihn nicht!

Es ist ein Paradoxon, dass viele Menschen gerade die Beziehungen, die Ihnen eigentlich sehr wichtig sind, hinten anstellen.

5. Praktische Übungen zur Steigerung der EI

Nachstehend einige praktische Verhaltensübungen, die sich gut in Ihren Alltag integrieren lassen und mit denen Sie Ihre EI steigern können:

1. Übung: Sich den eigenen Gefühlen stellen
Wer die Emotionen anderer erkennen will, muss die eigenen kennen. Darum ist es erstmal wichtig, die eigene Gefühlswelt zu ergründen. Diese Übung können Sie immer dann absolvieren, wenn Sie merken, dass Sie eine starke Emotion erfahren, die sich in einen Handlungsimpuls übersetzt.

Stehen Sie an der Supermarktkasse an und bemerken eine Wut, die in Ihnen aufsteigt, stellen Sie sich sofort folgende Fragen:

- Wie äußert sich meine Wut, d.h. welche Handlung ergibt sich daraus?
- Was genau war die Ursache für dieses Gefühl?
- Waren es Umstände oder Personen, die dieses Gefühl auslösten?

Versuchen Sie dann, die Ursachen so gut wie möglich festzustellen! So können Sie die Erkenntnisse in Ihr Emotionstagebuch schreiben.

Dann müssen Sie die anderen Menschen um Sie herum beobachten und folgende Frage stellen:

- Haben die anderen Menschen ähnliche Gefühle?

Wenn das zutrifft, nehmen Sie diese bewusst wahr! Nun stellen Sie sich folgende Frage:

- Was würde mir in dieser Situation guttun?

- Welche Reaktionen wünsche ich mir in dieser Situation von den anderen Menschen?

Die Beantwortung dieser Frage wird Ihnen dabei helfen, sich besser in die anderen hineinversetzen zu können. In einer ähnlichen Situation können Sie sich dann an diese Erfahrung erinnern und Ihre Wut besser kontrollieren.

2. Übung: Andere bewusst beobachten

Diese Verhaltensübung lässt sich am besten an einem Ort durchführen, an dem sich viele Menschen befinden. Begeben Sie sich dorthin, nehmen Sie sich genügend Zeit für Ihre Übung und beginnen Sie damit, die Menschen um Sie herum zu beobachten! Dabei geht es darum, anderen zuzuhören. Lauschen Sie ihren Worten!

Aber schenken Sie auch den bereits angesprochenen Komponenten der EI Ihre Aufmerksamkeit! Achten Sie auf Körpersprache, Körperhaltung, Mimik und Gestik!

Dabei stellen Sie sich folgende Fragen:

- Wie verläuft die Interaktion zwischen diesen Menschen?
- Wie begrüßen sie sich?
- Wie verabschieden sie sich?
- Welche Mimik wird eingesetzt?
- Welche Körperhaltung nehmen sie ein?
- Welche Tonlage hat ihre Sprache?
- Sprechen sie langsam oder schnell, ruhig oder gehetzt?
- Sind diese Menschen empathisch?
- Wie gehen sie mit Gefühlsausbrüchen um?

Dann versuchen Sie festzustellen, wie sich diese Menschen gerade fühlen. Versuchen Sie anhand der Antworten auf diese Frage mitzuschwingen!

3. Übung: Sich selbst und das Gegenüber beobachten

Eine andere Möglichkeit, die eigene Empathie zu verbessern, besteht darin, sich selbst zu beobachten. Das setzt allerdings ein gewisses Maß an Selbstreflexionsfähigkeit voraus.

Folgende Fragen sollten Sie sich dann stellen:

- Will eine andere Person, d.h. das Gegenüber, Blickkontakt mit mir aufnehmen?
- Ist diese Person mir mit ihrem Körper abgewandt oder zugewandt?
- Unterbreche ich das Gespräch mit einem anderen Menschen?
- Werde ich im Gespräch unterbrochen?
Kann ich in Ruhe ausreden?
- Wie reagiert die Person, wenn ich sie unterbreche?
- Welche Emotionen sind beteiligt?
- Welche Auslöser befinden sich dahinter?
- Versucht mir diese Person etwas zwischen den Zeilen mitzuteilen?

Für den Anfang ist es wichtig, sich erstmal nur auf diese Fragen zu beschränken. Wenn es wieder zu einer Interaktion kommt, sollten Sie sich z. B. folgende Fragen stellen:

- Welche Mimik hat die Person?
- Welche Gestik hat die Person?
- Welche Stimmlage hat die Person?
- Ist die Person ruhig, entspannt, unruhig oder hektisch?

4. Übung: Von anderen lernen

Die Menschen sind verschieden. Und wenn Sie selbst nicht über ein besonders hohes Maß an Empathiefähigkeit verfügen und daran arbeiten wollen, besteht die Möglichkeit, von jenen Menschen zu lernen, die ihre emotionale Intelligenz erfolgreich einsetzen, harmonisch kommunizieren und Konflikte empathisch lösen können.

Oder aber Sie kennen jemanden, der die besondere Fähigkeit hat, andere Menschen zu besänftigen und damit in bestimmten Situationen schlichten kann.

Stellen Sie dieser Person dann nachstehende Fragen:

- Wie verhältst Du Dich, wenn Du in eine Konfliktsituation kommst?
- Welche Worte setzt Du ein?
- Welche Tonlage hat Deine Sprache, wenn Du in einem Streitgespräch bist?
- Welche Mimik, welche Gestik setzt Du ein?
- Welche Perspektive nimmst Du ein?
- Wechselst Du die Perspektive auch?
- Wie verhältst Du Dich Menschen gegenüber, die gerade etwas Schlimmes erlebt haben oder aber überaus euphorisch sind?

Hören Sie auf die Tipps, die Sie bekommen und lernen Sie daraus! Dann können Sie die Übung fortsetzen, indem Sie sich mit dieser Person an einen Ort begeben, wo sich viele Menschen befinden. Setzen Sie sich gemeinsam hin und beobachten Sie, wie sich die Menschen verhalten, wie sie kommunizieren und streiten! Unterhalten Sie sich darüber, wie jeder von Ihnen die Situation einschätzt!

Teil IV - Arbeitswelt

Es ist bereits verschiedentlich angesprochen worden, dass Emotionale Intelligenz heutzutage zu einem überaus wichtigen Faktor in der Berufswelt geworden ist. Das Bild des gefühlskalten Vorgesetzten oder Firmenchefs gehört nicht mehr unbedingt zur gesellschaftlichen Norm. Führungskräfte werden in vielen Unternehmen darin geschult, mehr Aufmerksamkeit auf ihre emotionale Intelligenz zu legen- nicht nur ihrer selbst willen, sondern vor allem, um die Mitarbeiterführung effektiver gestalten zu können.
Ein Unternehmen, deren Mitarbeiter ihre Arbeit gerne verrichten, weil sie sich verstanden fühlen, ist erfolgreicher als eines, das auf ein altmodisches Arbeitsumfeld setzt, in dem Hierarchien als solche sofort „spürbar" sind. Eine Arbeitswelt, in der es flache Hierarchien gibt, ist meistens eine Arbeitswelt, in der der emotionalen Intelligenz eine große Bedeutung beigemessen wird.

1. Kritikfähigkeit

Sie können also dank Emotionaler Intelligenz erfolgreicher in Ihrem Beruf sein. Die El lässt sich trainieren. Es gibt verschiedene Arbeitsfaktoren, bei der Sie Ihre emotionale Intelligenz brauchen, wie z. B. bei Kritik, der sie vielleicht täglich ausgesetzt sind.
Sie können die El einsetzen, um destruktive von konstruktiver Kritik zu unterscheiden und damit kritikfähiger zu werden. Sie lernen, dass Sie jede Kritik, egal wie negativ, für Ihre eigene Entwicklung konstruktiv nutzen können.

Nachstehend einige Tipps:

1. Distanz einnehmen

Werden Sie mit eigenen Fehlern konfrontiert oder macht man Sie auf Ihre Schwächen aufmerksam, besteht die normale Reaktion eines Menschen darin, sich zu verteidigen. Man rechtfertigt sich und startet eine Gegenoffensive, denn das Gegenüber hat mit Sicherheit auch Schwächen, die man anprangern kann.
So entsteht ein Streitgespräch, das nicht sehr förderlich ist.
Anstatt sofort zu reagieren, ist es ratsam sich nicht von den impulsiven Gefühlen leiten zu lassen.
Lassen Sie sich nicht von den Gefühlen überrumpeln, die durch eine Kritik ausgelöst werden! Sehen Sie Kritik als Feedback, dass Sie nutzen können, um sich damit selbst zu optimieren!

2. Rechtfertigung

Vermeiden Sie es, sich auf Kritik unmittelbar zu rechtfertigen oder sogar anderen Menschen die Schuld zuzuweisen! Weisen Sie die Kritik nicht von sich, indem Sie sich unwissend stellen! Damit zeigen Sie nur, dass Sie nicht kritikfähig sind, was in der Arbeitswelt fast immer negativ bewertet wird. Nehmen Sie das hin, was man Ihnen sagt und lassen Sie es zu!
Ein klärendes Gespräch, bei dem Sie ruhig und sachlich argumentieren, kann später erfolgen.

3. Zuhören

Hören Sie Ihrem Gegenüber zu! Die meisten Menschen werden nervös, wenn sie kritisiert werden und sich nicht sofort dazu äußern können. Stattdessen sollten Sie sich genau auf das fokussieren, was Ihnen gesagt wird. Lassen Sie Ihr Gegenüber seine Sicht der Dinge erläutern!

4. Nachfragen

Wenn Sie kritisiert werden, ist eine Nachfrage ein Signal dafür, dass Sie die Kritik ernst nehmen und nicht ablehnen. Falls Sie und Ihr Gegenüber sich nicht auf der gleichen Wellenlänge befinden, ist es ratsam, immer nachzufragen, wenn etwas unklar ist. Bitten Sie Ihr Gegenüber, die

Kritikpunkte umfassender zu erläutern oder Dinge genauer auszuführen!
Das hilft nicht nur Ihnen, sondern oft auch Ihrem Gegenüber, sich die Kritik noch einmal durch den Kopf gehen zu lassen.
Auch sollten Sie daran denken, den Kritikgeber nach möglichen Verbesserungswünschen zu fragen. Kritik, die keine konstruktive Perspektive bringt, hat auch keine Effekte.

5. Regeln einhalten
Kritikfähig zu sein, bedeutet nicht Diffamierungen oder Beleidigungen hinzunehmen. Jeder muss sich an die Spielregeln halten. Wenn Ihr Gegenüber diese Regeln missachtet, versäumen Sie nicht, Ihn darauf aufmerksam zu machen!
Falls ein Gespräch zu emotional wird, vertagen Sie es auf einen anderen Zeitpunkt, wenn sich die die Gemüter wieder beruhigt haben!

2. Wortschatz erweitern

Worte transportieren Emotionen und verdeutlichen Gefühlslagen. Aus diesem Grund ist es positiv, wenn Sie Ihren Wortschatz erweitern. Das verbessert Ihre Ausdrucksfähigkeit und gibt Ihnen mehr Möglichkeiten an die Hand, sich anderen Menschen verständlich zu machen.

Nachstehend einige Tipps, wie Sie dies bewerkstelligen können:

1. Worte sammeln
Sammeln Sie Worte, verwenden Sie Synonyme! Bestimmte Gefühlslagen, aber auch Erlebnisse, Erfahrungen, etc. sind auf unterschiedliche Weise zu beschreiben. Das Standardvokabular ist häufig nicht sehr ausdrucksstark. Verwenden Sie Synonyme, ist es Ihnen möglich, eine ganz

andere Wirkung bei Ihrem Gegenüber zu erzielen. Schreiben Sie sich zu bestimmten Themenfeldern Synonyme auf, die Sie kennen!

2. Sätze umformulieren

Üben Sie sich im Umformulieren von Sätzen! Das können Sie sehr einfach üben. Nehmen Sie sich einen Text Ihrer Wahl vor und formulieren Sie ihn um, ohne dass sein Sinn abhandenkommt! Das hilft Ihnen dabei, Ihre Ausdrucksweise variantenreicher zu gestalten.

3. Präzise sprechen

Druckreif zu sprechen, ist nicht allen Menschen gegeben. Dennoch sollten Sie versuchen, so präzise wie möglich zu sprechen. Je mehr Synonyme Sie parat haben, desto besser gelingt Ihnen das. Nutzen Sie z. B. weniger Hilfsverben, also „haben", „sein", „werden"! Anstatt „Ich habe" könnten Sie „Ich verfüge über" sagen.

4. Laut lesen

Die eigene Sprachfähigkeit wird auch dadurch verbessert, indem Sie Texte aus Büchern laut vorlesen. Dabei üben Sie die Aussprache und das präzise Sprechen.

5. Texte zusammenfassen

Suchen Sie sich schwierige Texte heraus und machen Sie sich daran, diese in eigenen Worten und ohne Sinnentstellung zusammenzufassen! Das betrifft vor allem die Kernaussage solcher Texte.

Dann tragen Sie den Text aus eigenen Worten einem Gesprächspartner vor, der Ihnen ein Feedback geben kann!

6. Mitschreiben

Wann immer Sie einen Film sehen, einen Vortrag hören oder ein Buch lesen, in dem Sie gekonnte Formulierungen finden, schreiben Sie sich diese auf! Haben Sie, wenn nötig, einen Notizblock dabei! Wenn Sie auf eine markante Formulierung stoßen, können Sie diese auch laut nachsprechen. Das hilft Ihnen dabei, sie sich einzuprägen.

3. Vorausschauend denken

Wer möchte nicht genau wissen, was am nächsten Tag passiert? Leider ist diese Art der Vorschau für Menschen nicht möglich. Dennoch können Sie bestimmte Abläufe vorausschauend in Ihre Überlegungen mit einbeziehen. Ihre Fähigkeit, auf etwas zu reagieren, beginnt im Kopf.
Mit Emotionaler Intelligenz können Sie sowohl Ihre eigenen Reaktion, als auch die Reaktionen Ihrer Mitmenschen antizipieren. Dabei geht es um das Erkennen von Verhaltensmustern, die diese oder jene Handlungen nach sich ziehen. So können Sie sich im Arbeitsalltag, z. B. auf Verhandlungsgespräche und Meetings, vorbereiten.

Nachstehend einige Tipps, wie Sie Aktionen antizipieren können:

1. Ortswechsel
In einem überfüllten Büro, in dem ein Stimmenchaos herrscht, können Sie nur schwer vorausschauend denken. Um den Ablenkungen zu entkommen, in sich zu gehen, Ihre Intuition zu befragen und auf Ihre innere Stimme zu hören, müssen Sie einen Ortswechsel vornehmen.
Das muss ein Ort sein, wo Sie ungestört Ihre Gedanken schweifen lassen können, um sich auf die wichtigen Fragen eines Problems, das es zu antizipieren gilt, zu fokussieren.

2. Bewegung
Bewegung stört das klare Denken nicht. Sie fördert es sogar. Ein sehr guter Zustand zur Aufnahme von Dingen ist ein erhöhter Pulsschlag, wie man ihn, z. B. beim Spazierengehen, hat. Bewegung befreit von negativen Gedanken, die die Sichtweise verstellen und eine Antizipation erschweren.

3. Gegenwärtig sein
Bei dem Vorhaben, etwas vorausschauend zu bedenken, ist es wichtig, dass Sie in den Zustand der Gegenwärtigkeit

kommen. Denken Sie nicht zwingend an die Zukunft, auch wenn sie für Sie wichtig ist!

Gehen Sie spazieren, erreichen Sie genau das:
Nach einer Weile fallen die Alltagssorgen von Ihnen ab und Ihre Gedanken werden klarer. Von ganz allein fokussieren Sie Ihre Gedanken auf die Zukunft, ohne dass Sie sich dazu gezwungen hätten.

4. Selbstinterview
Wenn Sie merken, dass Sie an die Zukunft denken, interviewen Sie sich selbst! Fangen Sie an, laut vor sich hin zu sprechen, einen Vortrag, einen Monolog zu halten! Und nehmen Sie alles auf! Fragen Sie sich, was Sie nach dem, zu antizipierenden Zeitpunkt alles erreichen konnten! Tun Sie so, als würden Sie auf das Ereignis, auf das Sie vorausschauen wollen, zurückblicken!

5. Grundthesen
Aus dem Ergebnis Ihres Selbstinterviews arbeiten Sie dann an einem ruhigen Ort die enthaltenen Grundthesen heraus. Leiten Sie sie aus dem, was Sie gesagt haben, ab!

6. Strategien
Aus den Grundthesen wiederum entwickeln Sie dann Strategien, die dem Antizipieren dienen. Der Blick ist dabei immer auf die Zukunft gerichtet. Wichtig ist, dass Sie bei der Erstellung von Strategien eine emotionale Resonanz verspüren. Sie müssen darauf sozusagen innerlich reagieren.
Somit gewährleisten Sie, dass die Strategien auch Ihrer Intuition folgen. Die Strategien bilden dann gewissermaßen das, zu antizipierende Ziel ab. Dabei gilt es auch, Dinge mit einzukalkulieren, die unvorhersehbar, aber durchaus vorstellbar sind. Damit erarbeiten Sie sich verschiedene Szenarien, die Ihre Vorausschau absichern.

7. Handlungsplan
Aus den Strategien entwickeln Sie dann Ihren Handlungsplan oder Ihre Handlungspläne, je nachdem wie komplex die Vorausschau ist.

Folgende Aspekte müssen dabei berücksichtigt werden:

- Erstellen Sie eine Schritt-für-Schritt-Liste Ihrer Vorgehensweise!
- Antizipieren Sie Probleme und Hindernisse!
- Antizipieren Sie Dinge, die Sie noch lernen müssen
- Planen Sie die Umsetzung!

8. Zeitplan und Umsetzung
Der Zeitplan ist der letzte Schritt vor der Umsetzung. Dabei gilt es, alles, was auf Ihrer Liste steht, zeitlich genau zu planen. Wann findet was statt? Letzte Unklarheiten Ihres gesamten Vorgehens können jetzt beseitigt werden.

4. Manipulationen abwehren

Manipulationen gehören zum Leben. Die meisten Menschen manipulieren andere, ohne es zu bemerken oder zu wollen. Bereits eine veränderte Körpersprache kann manipulativ wirken.
Besonders in der Arbeitswelt werden manipulative Verhaltensweisen häufig gezielt eingesetzt. Wer eine Manipulation erkennt, ist bereits auf dem guten Weg, sich dieser zu erwehren. Entlarven Sie Manipulationsversuche und bleiben Sie Ihren Absichten treu! Nachstehend einige Tipps, wie Sie, z. B. in geschäftlichen Verhandlungen, manipulative Verhaltensweisen aufdecken.

1. Suggestivfragen
Diese Fragen sind keine Fragen, da sie die Antwort bereits vorgeben. Sie dienen dazu, einen Menschen in eine

gewünschte Richtung zu manipulieren. Suggestivfragen sind z. B.: „Sicherlich wissen Sie bereits, welche Positionen in der Liste gestrichen werden können“ oder: „Sie denken doch auch sicherlich, dass wir so am besten weitermachen können“. Antworten Sie mit „Nein“, sehen Sie sich in die Lage versetzt, Ihre Position genau erklären zu müssen.
Das ist in bestimmten Situationen unangenehm, sodass Ihnen ein „Nein“ eher schwerfällt. Damit rechnet Ihr Gegenüber. Sie sollen widerspruchslos nachgeben.
Es gibt zwei Wege, diesen Trick zu entkräften: Entweder Sie lassen sich darauf ein, weil der Vorschlag für Sie akzeptabel ist und Sie einen Vorteil davon haben. Dann kommt Ihnen diese Manipulation entgegen.
Oder Sie erwidern, dass Sie damit nicht einverstanden wären und vertreten sachlich Ihre Meinung. Dann können Sie z. B. sagen: „Sicher habe ich darüber nachgedacht, ich bin jedoch zu dem Schluss gekommen, dass ...“ oder: „Ihr Vorschlag ist gut, jedoch ist zu bedenken, dass ...“

2. Manipulatives Lob

Gerade in der Arbeitswelt tut es gut, gelobt zu werden. Wenn das Lob dann noch von einem Vorgesetzten kommt, ist das umso positiver. Doch nicht jedes Lob ist als ein solches auch gemeint.
Eine Anerkennung kann vorgetäuscht sein, um Sie zu einem bestimmten Handeln zu bewegen, das Sie andernfalls ablehnen würden. Dann kann es vorkommen, dass Ihnen gesagt wird: „Herr ..., als einer unserer vertrauenswürdigsten Mitarbeiter obliegt es nun Ihnen...“ oder: „Wie jeder verantwortungsbewusste Mensch sollten Sie nun...“
Wer gelobt wird, ist bereit, sich hilfsbereit zu zeigen. Oft wird ein Satz verwendet wie: „Keiner kann das so gut wie Sie...“ Durch das Lob soll Ihre Entscheidungs- und Urteilsfähigkeit manipuliert werden. Sie sollten vielleicht etwas tun, dass Sie eigentlich normalerweise nicht tun würden. Umso auffälliger fällt das Lob aus.

Sie können einen solchen Manipulationsversuch abwehren, indem Sie zum einen diese Technik erkennen und durchschauen, zum anderen sie vollständig ignorieren.
Achten Sie dabei nur auf das, was Ihnen vorgeschlagen wird, also auf die Kernaussage!
Natürlich können Sie das Lob dankend annehmen. Doch erbitten Sie sich in schwierigen Fällen immer Bedenkzeit! Das ist Ihr gutes Recht.

3. Die Meinung vieler

Diese Manipulation basiert auf dem, was man als „Gruppendruck" bezeichnet. Dabei wird man der Täuschung ausgesetzt, dass eine Meinung dann richtig sein muss, wenn viele Menschen sie vertreten. Das ist natürlich falsch. Die Richtigkeit einer Meinung hat nichts mit der Menge der Menschen zu tun, die sie vertritt. Dieser manipulative Effekt wird in den Medien, z. B. gerne mit Hilfe von Umfrageergebnissen, erzielt.
Es gibt Sätze wie: „Wie alle anderen sollten auch Sie der Ansicht sein, dass ...", „Alle anderen Mitarbeiter sind der Meinung, dass ..." oder „Praktisch alle Beteiligten sind sich einig, dass...".
Diese Sätze appellieren an den Herdeninstinkt des Menschen und an sein emotionales Grundbedürfnis, zu einer Gemeinschaft zu gehören und nicht allein zu sein. Das gilt auch für Meinungen. Manipulativ eingesetzt bedeutet es, dass derartige Suggestivsätze einen Menschen zum Nachgeben drängen sollen. Sie sollen Ihre eigene Meinung zugunsten einer vorgegaukelten Gruppenmeinung aufgeben.
Sie wehren sich dagegen schon, wenn Sie sich nicht verunsichern lassen. Betonen Sie z. B., dass diese Meinung nicht bewiesen ist und sie von Ihnen darum nicht geteilt wird.
Sie können sagen: „Wie viele Menschen sind es denn genau, die dieses oder jenes wollen?" Sie können auch nach Prozentzahlen fragen, was Ihr Gegenüber in Bedrängnis bringen wird. Oder Sie stellen die Frage: „Woher stammt diese Erhebung?"

Fazit: Sind Gefühle gut oder böse?

Man kann viel über Emotionale Intelligenz sagen. Man hat aber vieles noch nicht darüber gesagt. Und man wird es auch vermutlich nie können. Bei allen wissenschaftlichen Versuchen, die EI zu beschreiben, zu definieren und nutzbar zu machen, bleibt viel, das nicht bekannt ist.
Dieses gewissermaßen „Unbekannte" ist das innere Wesen des Menschen, ist die Quelle der Emotionalen Intelligenz. Dazu gehört seine innere Stimme, seine Intuition. Diese Dinge können Sie nur selbst erkunden, entdecken, erklären und vor allem fühlen. Das Gefühl mag sich messen lassen, doch seine Bedeutung offenbart sich nur seinem „Inhaber", dem einzelnen Menschen. Insofern kann man auch die Frage, ob Gefühle gut oder böse sind, nicht beantworten. Sie müssen immer im subjektiven Kontext gesehen werden. Es gibt Gefühle, die für den einen positiv, für den anderen negativ sind. Nur wenn diese Gefühle in die Welt entlassen werden, wenn sie Bestandteil des gesellschaftlichen Konsens werden, hält man es für notwendig, sie zu bewerten. Das kann auch auf philosophische Weise geschehen.

Grundsätzlich aber sollten alle Gefühle zugelassen und verstanden werden, und zwar unabhängig davon, ob sie als gut oder böse bezeichnet werden. Negative Gefühle haben den Vorteil, dass sie überwunden werden müssen. Der Aufwand, der benötigt wird, um das zu erreichen, kann die Entwicklung eines Menschen in positiver Weise vorantreiben. So wird aus dem Negativen etwas Positives. Es hängt nur von Ihnen selbst ab, wie Sie mit dem, was Sie in sich haben, umgehen und wie Sie es nutzen. Insofern ist die Reise in die eigene Gefühlswelt immer ein positives Ereignis.

Emotionale Intelligenz kennenzulernen, bedeutet, eine vielleicht unbekannte Seite Ihres Wesens zu entdecken. Es bedeutet auch, sich selbst besser zu ergründen und zu verstehen. Wer sich selbst versteht, hat die Möglichkeit, über sich hinauszuwachsen. Dann werden die ersten Schritte durch die eigene Gefühlswelt zu einem Lern- und Entwicklungsprozess, der auch die äußere Welt miteinbezieht. Sie treten in eine Resonanz zu Ihren Mitmenschen und ihrer Umwelt, die tiefgründig, verständnis- und verantwortungsvoll sowie achtsam ist.

Wer emotional intelligent ist und seine Emotionale Intelligenz entwickelt, kann sich zahlreiche Techniken zur Hilfe nehmen, um seinen Alltag nicht nur lebenswerter, sondern auch erfolgreicher zu gestalten.

Über die Autorin

Sophie Bergner ist eine erfolgreiche Unternehmerin und aufstrebende Autorin, die über einen großen Erfahrungsschatz in der Betriebswirtschaft verfügt. Sie versteht es exzellent, Wirtschaftlichkeit mit Empathie zu verbinden. Dies möchte sie ihrer Leserschaft durch ihre Bücher vermitteln.

„Die eigene Persönlichkeit zu stärken, ist einer der wichtigsten Erfolgsgeheimnisse“, verrät die Autorin. „Solange man nicht genau weiß, wo man hin möchte, bleiben persönlicher wie beruflicher Erfolg meist fern oder nur schwer erreichbar“. Sophie Bergner widmet sich psychologischen Themen vor allem, um andere Menschen dabei zu unterstützen, sich weiterzuentwickeln und die eigenen Schwächen in Stärken zu verwandeln.

Als berufstätige Mutter versteht Sophie es hervorragend, Beruf und Familie unter einen Hut zu bringen. „Auch wenn das nicht immer leicht ist"; so die sympathische Autorin. Lassen auch Sie sich von ihren Büchern inspirieren und holen sich noch JETZT ihre Ratgeber, damit Sie Ihr Leben in eine neue, positive Richtung lenken und somit gestärkt und voller Zuversicht Ihre Ziele erreichen.

Danke

Ich bedanke mich herzlich für Ihr Interesse an meinem Buch und hoffe, dass es Ihnen ermöglicht, sich selbst besser oder gar ganz neue Seiten an sich kennenzulernen.

Von Herzen Alles Gute für Sie,

Ihre Sophie Bergner

Ich freue mich auf Ihr Feedback

Für mich ist es sehr wichtig, Feedback zu meinem Buch zu bekommen. Wenn Sie Anregungen oder Verbesserungsvorschläge haben, so schreiben Sie mir doch bitte eine Mail:
info@virtuoso-verlag.de

bevor Sie eine schlechte Bewertung abgeben. Ich freue mich sehr über konstruktive Kritik. Da es mich viel Zeit und Energie gekostet hat, dieses Buch zu erstellen, wäre ich Ihnen sehr dankbar, wenn Sie mir anstelle einer schlechten Bewertung Ihre Verbesserungsvorschläge persönlich zukommen lassen. Denn dann hätte ich eine Chance, Ihre Kritik anzunehmen und mein Buch zu verbessern.

Über eine Rückmeldung in Form einer Rezension auf Amazon würde ich mich ebenfalls sehr freuen. Diese können Sie wie folgt erstellen: Besuchen Sie auf Amazon.de die Produktseite des Artikels, für den Sie eine Rezension erstellen möchten. Klicken Sie unter Kundenrezensionen auf „Kundenrezension verfassen“. Bewerten Sie den Artikel und verfassen Ihre Rezension.
Alternativ können Sie diesen Link benutzen, der Sie direkt auf die Seite leitet, auf der bestellte Produkte zu bewerten sind. Der Link ist verschlüsselt und sicher:
https://virtuoso-verlag.de/Amazon-Bewertung

Haftungsausschluss

Urheberrecht

Impressum

Sophie Bergner, Virtuoso Verlag wird vertreten durch:

Athina Crane
Mittenwalderstr. 5A
82467 Garmisch-Partenkirchen
info@virtuoso-verlag.de

1. Auflage 2021

Covergestaltung: Casandra Krammer – www.casandrakrammer.de
Covermotiv: © Oleksandr Khoma - shutterstock.com, evgenialo - depositphotos.com

Printed in Germany
by Amazon Distribution
GmbH, Leipzig

22875986R00078